国家出版基金项目
NATIONAL PUBLICATION FOUNDATION

中國海關制度沿革

楊德森◎編

山西出版傳媒集團
山西人民出版社

圖書在版編目(CIP)數據

中國海關制度沿革 / 楊德森編. —太原: 山西人民出版社, 2014.12
(近代名家散佚學術著作叢刊 / 許嘉璐主編)
ISBN 978-7-203-08871-4

Ⅰ. ①中… Ⅱ. ①楊… Ⅲ. ①海關－經濟史－中國 Ⅳ. ①F752.9

中國版本圖書館CIP數據核字(2014)第289751號

中國海關制度沿革

主　　編　許嘉璐
編　　者　楊德森
責任編輯　梁晉華
助理編輯　張　潔

出 版 者　山西出版傳媒集團·山西人民出版社
地　　址　太原市建設南路21號
郵　　編　030012
發行營銷　0351-4922220　4955996　4956039
　　　　　0351-4922127(傳真)　4956038(郵購)
E-mail　sxskcb@163.com　發行部
　　　　sxskcb@126.com　總編室
網　　址　www.sxskcb.com

經 銷 者　山西出版傳媒集團·山西人民出版社
承 印 廠　山西出版傳媒集團·山西人民印刷有限責任公司

開　　本　700mm×970mm　1/16
印　　張　10
字　　數　68千字
印　　數　1—3000冊
版　　次　2014年12月　第1版
印　　次　2014年12月　第1次印刷
書　　號　ISBN 978-7-203-08871-4
定　　價　22.00圓

《近代名家散佚學術著作叢刊》編委會

出版説明

近代名家散佚學術著作叢刊選取一九四九年以後未再刊行之近代名家學術著作共二百二十册，編例如次：

一、本叢書遴選之著作在相關學術領域具有一定的代表性，在學術研究方向、方法上獨具特色。

二、爲避免重新排印時出錯，本叢書原本原貌影印出版。影印之底本皆經專家組審定，原書字體大小，排版格式均未做大的改變，原書之序言、附注皆予保留。

三、本叢書分爲八大類，以作者生卒年編次。

四、爲使叢書體例一致，本叢書前言後記均采用繁體字排版。

五、個别頁碼較少的版本，爲方便裝幀和閱讀，進行了合訂。

六、少數學術著作原書内容有個别破損之處，編者以不改變版本内容爲前提，部分進行修補，難以修復之處保留缺損原狀。

七、原版書中個别錯訛之處，皆照原樣影印，未做修改。

八、所選版本之抽印本頁碼標注，起始至所終頁碼均照原樣影印，未重新編排標注新頁碼。

由於叢書規模較大，不足之處，殷切期待方家指正。

總序/

披沙瀝金，以爲鏡鑒

◇許嘉璐

多年來有一個問題始終在我腦中盤桓：爲什麽在十九世紀末到二十世紀初，在短短的幾十年裏，中國的各個學術領域竟涌現了那麽多大師級的人物？這是中國近代史上一個極爲重要的現象，我認爲，如果不能給出令人滿意的答案，我們撰寫的近代學術史將是不完整的，甚至是缺乏靈魂的。後來我知道，著名人類學家克羅伯曾提出過一個問題：爲什麽天才成群地來？看來這種現象的出現並非中國所獨有，思考其所以然的也大有人在。而在那一次世紀之交中國的情况，似乎應驗了「天才成群地來」這個令克氏久久不解的疑問。錢學森先生曾從相反的方向提出了相同的疑問：爲什麽我們這個時代出現不了杰出人才？後來人們稱這個問題爲「錢學森之謎」。

要回答這些疑問不是件容易的事。與其迅速地囫圇地探尋，不如先多了解那些讓中國近代學術（應該包括人文科學和自然科學）史上閃耀着光輝的大師們的作品和自述，從而在腦海里盡量「復原」他們所處的環境和在那種環境下的心理路徑，從中或許可以得到一些啓示。

有一點是顯然的，這就是他們雖然都已遠離塵世而去，但是他們獨立思考的品性、求知治學的真誠、困厄窮愁中對節操的堅守，恐怕是他們共同的主觀因素，一直影響到現在，而且將會永遠留存下去。

就思想界、學術界而言，二十世紀上半葉是一個新説和舊説碰撞，中學和西學融匯的大時代。那時的學人極爲重視言行操守，同時具備現代知識分子的理想信念；他們的學術研究十分純净，絶少功利因素；他們的視界開闊，以包容的心態和嚴謹的風格造就了成果的大氣與厚重。至於在客觀因素一面，他們實際是在用工業化時代的事實解説着太史公所説的名山之作「大抵聖賢發憤之所爲作」，困厄苦難使得他們「皆意有所鬱結」。這種鬱結，幾乎和個人的名利毫無牽涉，他們永遠不能釋懷的，是民族的存亡、國運的興衰、民衆的福禍和文脈的續斷。

那個時代也是近代歷史上最大規模的中西古今學術調適、創新的時期，學術方法上的交互滲透和融合、創新亦可謂「於斯爲盛」。斯時之學人是要在封閉的屋墻上鑿出窗子的勇士，是使人能够看看外部世界的第一批導夫先路者；或者可以説，他們是在「意有所鬱結」時「彷徨」和「吶喊」的「狂人」。

相對於那時的哲人們，後來者是幸運兒。現在的形勢是，近三十年來學界空前繁榮，衆多學科有了長足之進，其中很重要的一點是學界有了更新穎、更廣闊的國際視野，似乎接續上了百年前的學壇盛事。但細想想，「古」與「今」還是有差别的。其异，主要不在於世界情勢、學術進展、工具改善這些客觀存在，而在於在廣泛吸收各國優長的同時，自身文化的主體性越來越受到重視，換言之，「拿來主義」已經延長了「拿來」的程序，加上了試用、甄别、篩選、吸收、融合、成長。就我孤陋所見，在當今地球上，面向所有異質文明，努力汲取我之所缺，其範圍之大和心態之切，似乎無出中國之右者。從這個角度説，我們已經超越了前輩。但是事情還有另外一面，學術，特别是人文學科，其職業化、「沙龍化」和功利性，以及隨之而來的浮躁病却嚴重了。從這個角度説，是不是我們已經後退得够可以的了？而這是不是我們這個時代出不了大師的原因之一呢？

民國學術界的特點之一是極爲注重對傳統的反省、批判與繼承。他們對傳統文化盡最大的努力進行整理和研究。一方面，由於戰亂頻仍，民不聊生，學者們擔起了讓中華文化薪火相傳的歷史責任；另一方面，他們要通過對中國傳統文化的整理、挖掘來重振民族自信心。這一時期對傳統文化進行整理的全面而深入是前所未有的，舉凡文字學、語言學、經濟學、法學、哲學、政治制度、書法繪畫、金石學……規模之宏大，研究之精微，令人嘆爲觀止。

民國學術推動了現代學科體系的建立。在對傳統文化整理和研究的基礎上，吸收西方的文化思想和理念，推動和建立了中國現代學科體系。例如，在對語言文字和音韵學成果進行整理、研究的基礎上開始着手規範之，建立了國語學；深入研究書法、國畫，將其融入了現代美術學科；在廢除舊有學制後逐步建立起小、中、大學較完整的科目和學科體系。

民國學術也改變了傳統學術方式，建立了新的研究範式。以現代科學考古爲發端，科研的實踐和成果使中國知識界真正認識到在實驗、比較基礎上的邏輯分析對學術研究的重要，推進了中國學術的一大演變。至於我們常説的打破士大夫傳統、走出書齋到田野鄉村和市民中進行調查研究、結束了經學時代、以歷史眼光檢視儒學和諸子等等，都是確立新學術範式的努力。這一轉變，也標誌着中國學術界脱胎換骨，全面進入了現代，爲此後的學術發展奠定了堅實的基礎。當然，西方啓蒙運動以來，在「現代性」和「現代化」裏潛伏着的缺陷和謬誤也傳到了中國，這些不能不在前哲的著作裏留下痕迹。這並不奇怪。類似的情況，古往今來孰能免之？猶如今天的我們，誰敢自稱我之所見就是永恒的真理？在這個問題上兩個時代所異者，或許就在昔時大家創立新説或譯註西學著作，往往是懷着對學術和前哲的敬畏而爲之，故而常常誤不在我；當今則往往出於對學問和他人的輕蔑，或以所研究的對象爲謀己的工具，因而難辭主觀之咎吧。翻閲他們的心血之作，這些復雜的狀況可以顯見，可以視之爲我們的一面鏡子。

滄海桑田，世事變幻，歷史的動盪和時代的遮蔽，使當年許多大師的一些極有價值的學術著作被棄於故紙堆中，不能不令人有遺珠之憾。爲此，山西人民出版社不惜以數年之艱辛，披沙瀝金，編輯出版這套近代名家散佚學術著作叢刊，凡一百二十册，計文學、史學、政治與法律、美學與文藝理論、民族風俗、宗教與哲學、經濟、語言文獻共八大類别。所選皆爲作者之純學術著作，無論是其見解、精神，抑或是其時代烙印，都是後輩學人可資借鑒的寶貴財富。他們出版這套叢書，意在讓世人不忘來程，知篳路藍縷之不易，爲民族文化的傳承再增薪木。

出版社的初衷，與我近年來所思所慮近似，故願略述淺見於書端，以與策劃者、編輯者和讀者共勉。

二〇一四年七月六日

改定於自安東回京途中

前言

◇王繼軍

一切歷史都是當代史，人類歷史具有延續性，現實之中包含着歷史的因素，割不斷的傳統深刻地影響着當代社會；歷史可以從當代的角度去發現和解讀，當代所面臨的現實問題，促使我們去追尋它形成的根源，去叩問前人的智慧，以資借鑒。在平静緩慢、綿延不絶的歷史長河中，總有那麽一些波瀾壯闊、起伏跌宕的時期，它們所孕育的巨大轉折價值和意義深深地影響着後來者。近代中國社會經歷了亘古未有的大變革。就經濟而言，傳統的自然經濟結構受到衝擊，資本主義因素的工商業在經濟體係中佔據越來越重要的地位；在政治上，帝制衰敗，共和肇興；在法律方面，傳統的法律典章再也不能够適應富强、民主、自由、科學的社會需要，西法東漸，勢不可擋；在文化和學術上，東西文化的碰撞、交流與融合，使得發現新資料、運用新方法、創造新範式、提出新思想成爲可能。中國近百年的歷史可以説是一個從傳統社會轉向現代社會的歷史。

開放的思想是人類理性挑戰愚昧的鋭器，自由的學術是世界邁向理想社會的階梯。一代學人以他們廣博的學識、獨立的品格、創造的思維、勤奮的勞動，推出燦若繁星而又堅實厚重的學術成果，爲時代提供智慧的啓迪和思想的指引，以一種獨特的方式積極參與到社會變革的偉大歷史進程來。學術的力量是長久和巨大的，學者的貢獻是不應該被忘記的。

本叢刊政治與法律部分，輯録了于佑虞、聞亦博、曾松友、宋希庠、楊德森、常乃悳、瞿同祖、王振先、熊理、朱章寶、蔡樞衡、趙鳳喈、陳顧遠、郭箴一等名家散佚的論著，其中涉及社會形態、政治制度的歷史與學説、中國古代的倉儲、糧政、勸農、海關、婚姻等制度、婦女問題以及中國法律之精神與法律現象變遷等諸多方面的重要論題。這些論著具有資料豐富、考證翔實和「思他人所未思，言他人之未言」的共同特徵，又在方法、結構、風格方面展現出摇曳多姿的形態。有的長於叙事，爬梳整理，去僞存真，娓娓道來；有的善於思辨，歸納演繹，比較剖析，鞭辟入裏；有的體大思精，在宏大的架構中闡説精妙的見解；有的以小見大，於細微處見精神。這些論著無疑成爲中國學術史上的瑰寶。

閲讀是一種交流，研習先輩學人的著作，就仿佛與杰出的心靈展開了一場穿越時空的對話；閲讀是一種沉思，浸潤於那些深邃的思想裏，使我們得以忘却外部的喧囂與繁華；閲讀是一種旅行，我們汲取歷史的滋養，再向更遠處出發。

是爲序。

作者簡介

楊德森，生平不詳。

中國海關制度沿革目次

中國海關制度沿革

緒言

關稅特別會議於中華民國十四年十月二十六日在北京開幕矣蓋關稅自主國人早有決心祇以形禁勢格謀未克成迄於今茲時機方至重提華會舊案收回關稅主權則此會議之圓滿與否關於我國財政之前途至重大而亦至深切也

關稅特別會議委員會布告中外之通電曰

我國關稅稅則自南京條約以來悉歸約定八十餘年迄未稍改創深痛鉅盡人而知政府於巴黎華府兩會議均提自主之案雖格於事勢未克有成而力爭自主之心始終未嘗稍渝此次召集關稅特別會議原欲本華會九國條約尊重中國行政完整之精神以達我國關稅自主之目的初非限於枝節尤非苟於近功閣議既頒訓令本會復經議決解除束縛同具決心本委員會受茲重任惟有秉承政府歷來之主張尊重國民正當之公意黽勉將事盡力以圖特布愚誠惟希鑒察

至關稅自主大綱並經財政善後委員會擬定其呈
臨時執政文及大綱九條備錄於左
　爲本會議決關稅自主辦法大綱呈請鑒核施行事竊本會於十月二十三日開會提出關稅自主辦法大綱案業經詳加討論僉以課稅主權爲立國要素近世獨立國家無強弱大小莫不有其完全之課稅主權我國關稅自主權之喪失肇端於鴉片戰爭自南京條約成立後各國援例要求國權日削以言財政則稅率高下聽命於人甚至內國稅法亦受條約限制重以債務抵押涓滴外漏歲入雖豐無補國計以言經濟則進口稅率過輕外貨梯航而至本國工商尤受壓迫且外國烟酒奢侈之品因稅廉而暢銷民力之消耗彌甚出口稅率亦經條約限定故國產日衰民生日困凡此犖犖大者皆爲我國貧弱之源本會察癥結之所在謀挽救於將來自以實行關稅自主爲今日第一要圖爰就現行關稅辦法缺點分籌補救方法綜爲關稅自主辦法大綱九條業經多數議決理合依照本會條例第十一條繕具全文呈請核定施行謹陳

執政

關稅自主辦法大綱

第一條　中華民國基於國家課稅主權完全之原則應實行關稅自主凡現行國際條約條欵換文或聲明書等足以侵害中國課稅主權者均照下列第二三四五六七各條之規定分別改正之

第二條　現行條約中有涉及內國稅者如出產銷場出廠等稅各條文應即聲明廢除嗣後內國稅法概由中國政府自行訂定

第三條　現有之釐金常關稅復進口稅子口稅及正雜各稅捐中之含有國內通過稅性質者均由中國政府自行裁撤嗣後在中華民國領域內之人民應不問國籍之所屬悉照中國內國稅法一律納稅

第四條　出口稅應酌量出口貨物之種類品質及產銷情形照現行稅率分別增減或全免概由中國政府自定稅則

第五條　進口稅應分別貨物之種類品質劃定等級遵照關稅定率條例徵收但對於某種貨物之課稅與本國有互惠協定條件者從其協定

第六條　凡與中華民國特別法令有關之進口貨物如烟酒及與國家專賣品同類者應照該特別法令之規定辦理

第七條　進出口之稅率表由中國政府調查貨價自行訂定並得隨時改正

第八條　現行海關制度基於行政權完整之原則由中國政府改正之

第九條　本大綱呈准臨時執政令行主管官署酌定程序進行

溯自鴉片之戰各國侵我主權耽耽逐逐最有利害關係者莫如束縛我關稅獨立權估據我海關行政權使我不能伸張者已多歷年所茲幸全國奮起朝野上下俱作澈底之研究研究之程度日益增進故自主之希望日益殷摯若財政善後委員會所定大綱第八條云

海關制度基於行政權完整之原則由中國政府改正之

又若華府會議九國間關於中國事件應適用各原則及政策之條約其第一條第一節云

尊重中國之主權與獨立暨領土與行政之完整

由前之說則大綱之所列我已洞其癥結由後之說則條約之所規彼亦示其親睦夫各國既承認我爲獨立國家則現行海關制度不能存在也明矣然我人欲悉海關之原素必先探其沿革瞭其制度方能入手整理是用搜集材料詮次成篇以供國人參考此茲編之緣起也

茲編上述海關沿革下述現行制度附述海關與外債關係務求確實先我而言者有黃序鵷氏與潘忠甲氏此外李達氏所譯日本高柳松一郎著中國海關制度論亦極詳細至於課稅制度若何當代研究者衆故不贅述現行海關仿用英國制度總稅務司大權獨攬關員之進退升遷悉其所主待遇偏枯華員之不能滿意自不待言即洋員中亦有作不平之鳴者如戴勒 F. E. Taylor 如金保羅 Paul King 均曾著書非難一言以蔽之華洋人員故分軒輊以致厚薄懸殊如此甚以外人充漢文秘書用違其長在倫敦設辦事

處近於贅累未免貽人口實者也

編者疏漏甚多尚冀宏博君子見聞所及貺以明教俾臻完備尤爲欣幸

中華民國十有四年十一月一日吳縣楊德森識

中國海關制度沿革

吳縣楊德森編

上編　海關沿革

我國古代國際貿易之設關徵稅。雖史無詳確攷證。而東西學者咸信其必在極早時期。降至於唐。始有記載。唐設市舶司於廣東。爾時來華通商者爲亞剌伯．波斯．及亞細亞北部與西部各國商人。至關稅制度殊難稽考。元置市舶提舉司於廣東。明設丈抽法。按船大小以課稅。英文中國年鑑有云。

西歷紀元前五二二年．（周）中國已有對外稅關之設立．約在紀元前一四〇年與匈奴部落有國際貿易．（中畧）

廣東海運稅關之設．在西歷紀元第八世紀．（唐）九七一年改組一次．較前完備．在此時期以前．所課稅項不分關稅船鈔與通過稅．九九八年京師設立稅務總部．翌年在杭州甯波設關．一〇八七年又在福建省之泉州設關．（下畧）

如上記載．知唐代已設對外之徵稅機關矣。

唐以後。歐人至中國者漸多。一二七一年意大利人馬可波洛遊華返歐。作旅行記。傳播東方古國之富庶狀態。馴至歐洲各國羣起注意於中國。一五一六年。(明武宗時)葡萄牙人首先通商。東西文化因而接近。西班牙人於一五七五年。荷蘭人於一六〇四年。法人於一六六〇年。以及德奧美意等國。先後由海道來華。日本則於紀元前一一五年已有朝貢式之交際。俄國則於一五六七年至邊境互市焉。

有清一代。其初堅持閉關主義。各國要求通商均經拒絕。僅限廣東一處准予貿易。至康熙朝。廣東對外貿易漸盛。粤海關制度釐訂亦已詳備。查乾隆十八年粤海關稅則。分進口稅。出口稅。附加稅。船鈔。贈品照費五項。其徵稅之法。外商須與中國官廳特許之行商交接。悉遵中國所定則例辦理。稅欵交由行商。扣除費佣。轉解官廳。此類行商。依康熙四十一年上諭而設。初祇一人。漸次增加。康熙五十九年已有十三人。組織團體。名爲公行。對官廳凡屬完納官稅及外人行動。完全負責。對外商保薦買辦通事及銀錢賬房等。又調處交易上之爭執。及官商間之交涉。此種制度。即元代所謂船牙者也。

當各國請求失敗時。獨俄羅斯能成其功。康熙二十八年（一六八九年）中與政府締結尼布楚條約。中外締約蓋自此始。雍正五年（一七二七年）中俄續訂恰克圖條約。是爲正式陸路通商。廣東設徵稅機關。創於唐代。至清季始任命粵海關監督。專司徵稅及限制貿易事務。但我國現行海關制度。實始於道光二十二年之中英江寧條約。

道光二十年至二十二年止（一八四〇至一八四二年）之中英戰爭。因中政府嚴禁鴉片輸入而起。先是道光十九年。林則徐焚燬外商鴉片二萬餘箱。英政府對華宣戰。二十二年七月二十四日（一八四二年八月二十九日）和議成立。訂中英江甯條約十三條。關係開放商埠及稅課事件者。

第二條云。

一自今以後大皇帝恩准英國人民帶回所屬家眷寄居沿海之廣州福州廈門寧波上海等五處港口貿易通商無礙英國君主派設領事管事等官住該五處城邑專理商賈事宜與各該地方官公文往來令英人按照下條開叙之例淸楚交納貨稅鈔餉

等費

第三條云。

一因英國商船遠路涉洋往往有損壞須脩補者自應給予沿海一處以便脩船及存守所用物料今大皇帝准將香港一島給予英國君主暨嗣後世襲主位者常遠主掌任便立法治理

第四條云。

一凡英國商民在粤貿易向例全歸額設行商亦稱公行者承辦今大皇帝准其嗣後不必仍照向例凡有英商等赴各該口貿易者勿論與何商交易均聽其便(下畧)

第十條云。

一前第二條內言明開關俾英國商民居住通商之廣州等五處應納進口出口貨稅餉費均宜秉公議定則例由部頒發曉示以便英商按例交納今又議定英國貨物自在某港按例納稅後即准由中國商人遍運天下而路所經過稅關不得加重稅例只

可照估價則例若干每兩加稅不過某分

當此條約議定之先。英國全權大臣樸鼎查之意。以割讓香港及自由通商二事爲主要。將由中國任納其一。而我國全權大臣耆英與伊里布暨當軸諸人．既不明國際交涉．又不諳外情。以爲香港荒僻地。棄之不足惜。並視通商章程無關重要。乃祇爭北京不駐公使與賠款之多寡。彼此目光不同。英人遂於無意中巧獲此主要之二事。且此條約在英國軍艦康滑力斯 Cornwallis 三日訂成。時間之匆促。武力之壓逼。可以想見。翌年七月再由耆英等訂定通商輸稅章程。

道光二十三年七月上諭．

軍機大臣等據耆英奏酌定通商輸稅章程一摺據奏五月二十六日帶同黃恩彤咸齡輕裝減從即坐火輪船前往香港接見樸鼎查已將通商章程及輸稅事例牱定大局（中畧）其米利堅佛蘭西等國請照新定章程辦理准俟定議後另行辦理

又九月上諭．

軍機大臣等據耆英等奏議定米利堅國通商章程等語覽奏所有米利堅等國自應准其一體通商以示撫綏之意著照所議籌辦總須籌及遠大不可僅顧目前致貽口實至米利堅有進京瞻覲之請英吉利又於善後條內添注沾恩語句著耆英等諭以天朝撫馭各國一視同仁凡定制所應有者從不刪減定制所本無者不能增添若各國紛紛請覲觀光上國不但無此政體且與舊制有乖至現在已准一體通商天恩高厚爾等果能約商人公平交易照例輸稅無稍偷漏大皇帝聞之必然嘉悅也耆英接奉此旨即飭黃恩彤等照此明白曉諭不准稍有含混別生枝節

觀此可知淸廷之無灼見。僅注意公使不准入覲．及國庫之收入。遂至交涉失敗．放棄主權。毫無覺悟。英人發難於先。美法繼起於後。道光二十二年七月美國結澳門條約。同年十一月法國結黃浦條約。二十七年那威瑞典．咸豐元年俄國．均與中國締約。是爲中國最初之通商條約．含有利益均沾與最惠國條欵性質者也。

江寧條約並無稅率由兩國協定之束縛條文。關於稅課之第十條。明言稅率由我制定公布。翌年雖有値百抽五稅率之規定。而淸廷以爲通商輸稅章程．不過使外人有所遵循．決無協定之意念。否則如此重大協定。當然以條約爲主。斷不能因通商章程而變更條約。乃英人利用淸政府不明交涉性質．而以協定中國稅率宣傳於世。天津條約訂定而眞受束縛矣。

江寧條約於中外通商發生重大變化。准許外商在廣東．厦門．上海．甯波．福州．五處貿易。淸政府開放五口．任有管理稅務官員。其時主權完全在我。廣東仍由粵海關監督管理。福州厦門兩處由福州將軍兼理。上海由蘇松太道兼理。甯波由甯紹台道兼理。開放未久。貿易尚未旺盛。而紅羊亂作。從此海關引用外人。局面爲之一變。

紅羊之亂。上海縣城於咸豐三年（一八五三年九月七日）陷落。海關長官蘇松太道吳健彰（或作吳健章或作吳健昌東華錄爲吳健彰海關引用外人吳實主之其時淸廷正急於籌款也）避入租界。徵稅事務因而停止。先是．咸豐元年（一八五一年）上海英領阿爾可克 R. Alcock 指斥徵稅行政腐敗。謂商人舞弊．官吏納賄．密輸漏稅．旣損害關稅收入．又妨礙正當商人營業．亟應整頓等語．陳述駐滬公使。惟以事關內政，未便干涉。至是阿爾可克認爲實行整理之機會。遂與英法領事協商權宜辦法。由領事代中國官廳向外商徵稅。不繳現欵，而代以期票。俟亂事平靖，再行結算。施行未久。又以三國領事權力僅及於本國商人，不能加於他國。翌年一月美國首先脫離。此協定辦法即告終局。已收期票稅項發還原主。阿爾可克乃勸中國官吏在租界設徵稅機關。許以援助。咸豐四年（一八五四年二月九日）吳道即於租界內設臨時稅關，開始徵稅。未幾，英人復指臨時稅關行政腐敗。爭執多時。英國船隻首先自由出入。各國效之。上海遂暫時爲自由港。

是年六月二十九日三國駐滬公使與領事決定引進外人勢力於徵稅機關。乃組織關稅管理委員會。英領事阿爾可克美領事滿斐 Murphy 法領事埃唐 Edan 與吳道締結關於上海海關組織之約，共計九條。其關於引用外人者爲第一與第五兩條。

第一條　海關監督最困難事爲不能廣羅誠實精明熟悉外國語言人員以執行徵稅事務及履行條約惟一補救此缺點之法爲引用外邦人才於海關由道台選擇任

用授與權柄以行使其職權

第五條　外人委員如有勒索賄賂辦事疏忽等情一經查出即由道台會同英美法三國領事審理以定去留

此約實啟外人管理海關之端。關稅管理委員會之組織。吳道初意擬推法國為三國代表。後英法美各派一人。英為威妥瑪。T. Wade 法為司密斯． A. Smith 美為喀爾． L. Carr 前二人為領事館員．後一人為公使館員．此項建議本為英人所倡。其代表威妥瑪又久居華土．善操華語．熟悉我國情形。表面為委員制。實際管理權操於英人。次年威妥瑪回副領事任。領署通譯官李國泰 H. N. Lay 繼之。法美兩國委員亦更動。實權仍在英人掌握。

咸豐八年五月十六日(一八五八年六月二十六日)我國戰敗後．再訂中英續約於天津。該約共五十六欵。其關係通商與稅率最為重要者。

第二欵　一大清皇帝大英君主意存睦好不絕約定照各大邦和好常規亦可任意

交派秉權大員分詣大清大英兩國京師

第九欵　一英國人民准聽持照前往內地各處遊歷通商(下畧)

第十欵　一長江一帶各口英商船隻俱可通商(下畧)

第十一欵　一廣州福州厦門甯波上海五處已有江寧條約舊准通商外卽在牛莊登州臺灣潮州瓊州等府城口嗣後皆准英商亦可任意與無論何人買賣船貨隨時往來(下畧)

第二十六欵　一前在江寧立約第十條內定進出口各貨稅彼時欲綜算稅餉多寡均以價值爲率每價百兩徵稅五兩(下畧)

第二十七欵　一此次新定稅則並通商各欵日後彼此兩國再欲重修以十年爲限期滿須於六個月以前先行知照酌量更改若彼此未曾先期聲明更改則稅課仍照前章完納復俟十年再行更改以後均照此限此式辦理永行弗替

天津條約之嚴厲。似對征服國之命令。其第二十六。二十七兩欵切實做成協定稅率。其時紅羊氣燄正熾。清廷疲於應付。英人城下刼盟。遂不得不惟命是聽矣。

仝年十月再訂通商章程。其第十欵云、

通商各口收稅如何嚴防偷漏自應由中國設法辦理條約業已載明然現已議定各口劃一辦理由總理外國通商事宜大臣或隨時親詣巡歷或委員代辦任憑總理大臣邀請英人帮辦稅務並嚴查偷漏判定口界派人指泊船隻及分設浮樁號船塔表望樓等毋庸英官指薦干預（下畧）

按照該條文解釋。用人主權完全在我。極爲明晰。茲分別言之。（一）任憑與邀請字樣說明用人主權在我。（二）帮辦二字說明助理意義。（三）毋庸英官指薦干預一語防範甚嚴。惟恐將來節外生枝。逾越範圍。特再愼重聲明也。

天津條約實行後。上海關稅管理委員會即行改組。兩江總督何桂淸於咸豐九年（一八五九年）委派李國泰爲總稅務司。時滬海關早經成立。仝年改組粵海關。派赫德 Robert Hart 爲稅務司。十年（一八六〇年）設汕頭關。十一年（一八六一年）設福州甯波。鎮江。九江。天津各關。是年李國泰請假回國。費子洛 G. H. Fitz-Roy 與赫德二人先後由南北洋大臣及總理衙門大臣恭親王委派代理總稅務司。而重要事務。均由熟諳華語之赫德主持。

各地海關相繼設立各關中國長官。由海關道。兵備道。分巡分守道充任。督撫奏報所管關稅。並須分咨總理衙門及戶部查核。辛亥以後各關設監督。有專任兼任之分。均由中央簡放。專任者專管關務。兼任者由道尹或交涉司兼之。

李國泰於同治二年(一八六三年)返華銷假。方其赴英也。實爲購置巡船以供海關之用。巡船隊由英海軍大佐亞斯蓬 Captain Osborn R. M. 統領來華。恭親王責其擅專。嚴加申斥。未幾免職。仝年十一月三十日(一八六三年)以赫德代之。時年二十八歲。總稅務司署遂由上海移至北京。而海關制度亦大加改革焉。

當咸豐八年中英通商章程引用英人幫辦稅務時。並無總稅務司名稱。僅輔助中國官吏辦理海關行政事務。其權限並無規定。咸豐十一年總理衙門大臣恭親王委派費子洛與赫德二人署理總稅務司。署定職權。其劄委如下。
令該官員費子洛赫德按照條約擔任稽查職務責任所在不得准許外人代中國人民販賣貨物或將中國人民貨物私藏外國貨船內希圖朦混從中漁利至於進出口貨品以及土產與洋貨尤宜審愼區別勿使混雜

該官員應將經收稅項及船鈔數目暨支出管理經費按季呈報此項報告務須眞實明確應備兩份一呈總理衙門一呈戶部存案

中國政府旣難於鑒別各稅務司及其他公家僱用洋員成績該官員應隨時查察所有應支俸給及其他經費責成各關監督會同該總稅務司酌量各口收入情形協商規定務使欵不虛糜不得濫用公欵

再管理各種外國商船往來事件各關監督應會同該總稅務司協商一切凡遇船隻違反章程擅自駛行而發生各項犯法事件以及試行偷運損害國庫收入情事應澈底嚴查如有隱慝一經查出惟該總稅務司是問

同治三年（一八六四年）總理衙門訂定海關募用外人帮辦稅務章程。凡二十七條。極爲周密。照錄於下。

（一）總稅務司凡有應申陳本衙門事件及更換各口稅務司務即隨時申報本衙門查核仍一面分別申陳南北洋通商大臣並知會各本關監督

（一）總稅務司係總理衙門所派至各口稅務司及各項辦公外國人等中國不能知其好歹如有不妥惟該總稅務司是問

（一）各關所有外國人幫辦稅務事宜均由總稅務司募請調派其薪水如何增減其調往各口以及應行撤退均由總稅務司作主若某關稅務司及各項幫辦人內如有辦理不妥之人即應由該關監督一面詳報通商大臣及總理衙門一面行文總稅務司查辦

（一）各關雖係徵收洋商之稅然其事實中國之公事所用之人雖非中國人其所辦係中國之事其薪水亦中國所發應較中國人格外盡心辦公其與中國官民有交

涉事件尤須格外以禮相待彼此不可猜疑傲慢

（一）各關所用之人以各人分內應辦之事爲第一緊要務當盡心盡力至泰西所有各項新法大有便宜於日用常行爲中國所未有者若與地方官民相處浹洽議論試行雖屬同仁之義然究爲餘事總以分內應辦之事爲主不可因此而誤公彼此均不可勉强以必行

（一）各口稅務司係總稅務司所派之員倘手下之人有懈怠誤公者惟該稅務司是問各該稅務司於各口收稅章程各國通商條約並外國商情本應熟悉且於中國情形較各項洋人尤爲透澈辦理稅務一切事宜務求妥協若有任性偏執或與監督會商並不悉心陳說以致誤會辦事乖謬進退兩難是該稅務司才不勝任之據定即撤退

（一）各口稅務司如有才不勝任及辦事錯誤者亦惟總稅務司是問至通商各口辦理收稅事宜如有不妥均係各關監督之責任是以凡有公事自應歸監督作主如

此則稅務司所辦之事即監督手下之事惟稅務司係總稅務司所派之人非監督屬員可比然不得因非其所屬遇事招搖攬權有碍公事以致監督難專其責

(一)各口稅務司於各國所派領事官常有交涉事件若領事官非作買賣稅務司與之交好自於公事有益惟當論事辦事之間愈當以凡事均係監督責任不可稍存侵權見好之心致罹咎譴

(一)各口稅務司人等逐日在關與商民交涉均應設法重稅課順商情查各口章程分兩項一係禁止作弊以重稅課一係將稅務各事曉諭各商以順商情是以各口稅司除嚴行防堵走私偷漏外應每日在關察看所用之人是否盡心辦公隨時體恤各商有無刁難之處且買賣爲稅課之本若令人爲難不順其情不免與稅有碍應由各該稅務司細心斟酌地方情形多便貿易以期多收稅餉但不可與章程條約相背

(一)各口稅務司手下之人內有日後可勝司稅之任應由現任稅務司爲之表率令

其妥悉稅務並應留心學習漢文漢語以期日後可用

（一）各口派稅務司係專爲幫辦稅務起見其稅務外地方各事與之無涉本不應干預惟稅務司與地方官民相處熟悉遇有外國人與地方交涉之事從中調處兩受其益原不在禁止之例然須將所處之事及往來信件均須報之總稅務司若處置乖方以致別生事端總稅務司不能代任其咎亦必將其懲儆

（一）各口稅務司內有代理人員與署理無異代理署理人員均與實任無異其來往文書均用平移不得自爲高下

（一）各口稅務司若無總稅務司明文准行不得出駐紮之府界擅離職守如有緊要事件必須親往應一面具文申報總稅務司並先行知會該關監督其關上公事應交妥人接手照料不得有誤其所管沿海各處有隨時稽查之事准其派本關人往查

（一）各關所有總辦幫辦通事扦子手頭目四項人等應領薪水不得由該關稅務司增減亦不得任意撤退若內有不妥之人即准暫停薪水不令赴關辦事一面申報

總稅務司示遵如此四項人內有自行辭退者亦隨時具報總稅務司以便另行選派

(一)通事之外各關所用之中國人以及外國扞子手人等如有不妥即由該口稅務司立刻撤退如係書辦應知照監督如係扞子手應報明總稅務司

(一)各關所用如中國人月領銀在十兩以上外國人月領在六十兩以上者不得由該關稅務司自行增添薪水

(一)各關之外國人除扞子手外若非總稅務司派來之人概不准在關上干預公事

(一)若無總稅務司本關監督文書不准雇用洋商船隻作爲巡船

(一)若有在關上阻撓公事生端擾害之人如係中國人即請由監督懲辦如係外國人應請監督行文該國領事官查辦若領事不肯秉公辦理即將情由申報總稅務司並請監督及總稅務司申詳總理衙門各口稅務司均不得擅自究斷

(一)各口稅務司每逢結底將結內收支罰三項各欵照前式摺報及遇事隨時具報

外每於月底須將該口買賣收稅各情形簡明報知均須端楷盡寫漢文報摺不得
挖補

（一）遇有別口發來單照內有錯誤或探聞別處界內有偷漏情弊應行文該口稅務司查照該口稅務司即行查辦並一面知照該關監督

（一）各口收稅除載在條約者無可更改外其日行詳細章程亦應永遠遵辦如其中實有因時制宜必須隨時更改者務當先期申請酌核不得擅自更改按所謂日行詳細章程即進出口上下貨稅司簡明章程

（一）稅務司總辦幫辦扦子手頭目俟過五年後准告一年之假領一半薪俸回國休息須先三個月請假以便擇人更換通事每三年准告假三個月領全薪俸均由議定各關稅務司經費項下支給

（一）各口稅務司總辦幫辦扦子手頭目四項若有不妥由總稅務司一人作主撤退或前期三個月諭知起身回國時即不另發銀兩若立時撤退者發給三個月俸銀

飭令起身若歷過五年自行因病回國並非因事撤退者給予半年薪俸歷過十年者賞給一年二十年者賞給二年亦均由議定各關稅務司經費項下支給其各關稅務司如有更動總稅務司隨時知照該關監督

(一)凡稅務司與該口監督來往日行事件除尋常事件毋庸鈔錄外如有緊要之事鈔報總稅務司查核若與地方官有不得已行文者無論是否有關稅務均須鈔錄具報倘有應行申報總理衙門事件必須開具節畧蓋印畫押呈送總稅務司轉呈

(一)總稅務司所請在該關公事房內辦事之外國人分為六等一稅務司一總辦一頭等幫辦一二等幫辦一三等幫辦一四等幫辦內如有告假回國派以次之人接辦准支本身薪俸一半署缺薪俸一半亦均由議定各關稅務司經費項下支給

以上共章程二十七欵各口稅務司務須一一遵守如有違背者立即撤退（按章程內有各關管轄地段一條現因各處添開口岸所管地段畧有不同故從節去）

該章程限制洋員職權甚嚴。詎知即出於赫德手訂。呈請總理衙門批准者也。

天津條約締結以後。海關制度直至光緒二十一年（一八九五年）中日訂立馬關條約始有重大變化。在此時間內。各地海關相繼按照條約設立。外人服務海關者日見加增。其間與海關有關係而可紀者三事。（一）海關兼辦郵政事件。（二）中英煙台條約。（三）中韓關稅同盟。茲分別述其大畧。

國立郵政之創設。咸豐十年前總稅務司赫德即有此意。天津條約第四欵有照料遞送欽差大臣並各隨員等公文之義務。總理衙門遂將此事委派海關總稅務司辦理。先在上海鎭江添設郵務辦事處。未幾北京天津牛莊煙台亦即設立。逐漸普及於其他沿海各口。此試辦之郵務。先由天津關稅務司德璀琳 G. Detring 秉承總稅務司辦理。直隸總督李鴻章策勵維持。不遺餘力。遂能推及全國海關所在地。每一海關區域作爲郵務區域。各稅務司兼充郵政司。另設一郵務處長稱郵務秘書。先駐上海。即以上海海關造册處祕書葛顯禮 Kopsch 充任。光緒二十二年七月七日（一八九六年三月二十日）上諭。創辦國立郵政。派總稅務司赫德辦理。於是總稅務司又兼領總郵政司。先後歸總理衙門外務部稅務處節制。是年郵務處長改駐北京。郵務處附設海關總稅務司署。派漢文秘書阿理嗣 J. A. Van Aalst 兼任。二十五年（一八九九年）改爲專任。二十七年（一九〇一年）法人帛黎 T. Piry 繼任。郵務經費原定海關每年撥協欵關平銀七十二萬兩。由上海天津漢口福州汕頭廣東六關每月撥一萬兩。三十年（一九〇四年）始能實行。但其數不及定額之半。宣統二年（一九一〇年）上諭。郵政事務劃歸郵傳部管理。翌年五月初一日始實行分劃。李經方充任郵政總局局長。帛黎爲總局總辦。

中英烟台條約訂於光緒二年七月二十六日。（一八七六年九月十三日）因英國領事館員瑪嘉萊 R. A. Margary 赴雲南探險被殺。釀成交涉而發生。該約共分三端。其第三端關係通商及開埠者。（一）各口租界作爲免收洋貨釐金區域。（二）開宜昌蕪湖溫州北海爲商埠。（三）大通安慶湖口武穴陸溪口沙市各處准輪船停泊上下客商起卸貨物。（四）劃定各口岸租界。（五）香港洋面巡船稽稅事宜由兩國派員協議辦法。該條約實行以後。通商範圍益爲擴大。而海關事務亦即隨之發展。

朝鮮本爲我國藩屬。朝貢無缺。光緒九年（一八八三年）淸廷任袁世凱總理駐紮朝鮮交涉事宜後。派德人滿倫特甫 Möllendorf 爲該國稅關長兼外交顧問。十一年（一八八五年）我國總稅務司赫德奉政府命擴張海關行政於該國通商埠。組成中韓關稅同盟。李譯中國關稅制度論舉其要點如下。

（一）朝鮮海關之幹部須任中國海關之外人歸中國海關總稅務司管轄其薪俸雙方分擔

（二）兩國外部關稅依舊繼續內部關稅與出入於國內各港時互受同等待遇

（三）對於兩國間輸出貨物互發給納稅證書以謀課稅上及統計上之便宜

（四）朝鮮許將其禁止輸出品之人參輸出於中國中國亦許將其禁止輸出品之米及其他穀類輸出於朝鮮

（五）鴨綠江陸路境界貿易祇須限於兩國人民輸出入從價五釐稅以外免除內國通行稅蔬菜瓜果鷄鴨鵝魚等食品一槪無稅

中韓關稅同盟。亦甲午中日戰爭之一大主因。

甲午之役。我敗於日。光緒二十一年（一八九五年）訂馬關條約。共十一款。除割棄臺灣全島及附屬諸島嶼。承認朝鮮獨立。及賠償軍費外。其關於最惠國條款及開闢商埠者。

第六款　中日兩國所有約章因此次失和自屬廢絕中國約俟本約批准互換之後速派全權大臣會同訂立通商行船條約及陸路通商章程其兩國新訂約章應以中國與泰西各國現行約章爲本（下畧）

第一現今中國已開通商口岸之外應添設下開各處立爲通商口岸以便日本人民往來僑寓從事商業工藝製作所有添設口岸均照向開通商海口或向開內地鎮市章程一體辦理應得優例及利益等亦當一律享受（一）湖北省荆州府沙市（二）四川省重慶府（三）江蘇省蘇州府（四）浙江省杭州府

第二行船事（畧）

第三內地通商事（畧）

第四豁免內地稅賦鈔課釐金雜派各項事

翌年又訂中日通商行船條約二十九款。

馬關條約影響及於我國海關而發生重大變化者五事。

(一)關稅作外債擔保　甲午以前我國外債爲數不多。此次戰費甚鉅。又賠償日本軍費庫平銀二萬萬兩。遂不得不大借外債。兩次英德債款五千四百餘萬鎊。咸以關稅作擔保者也。

(二)總稅務司由英人充任之要求　歷任總稅務司李國泰費子洛赫德三人均爲英籍。天津條約第十款邀請英人帮辦稅務一語藉爲根據。甲午戰後。三國干涉還遼。俄法覬覦總稅務司一席。英乃與德結合貸與我國鉅欵。英國駐華公使麥克都納爾 Clande Mac Donald 於光緒二十四年(一八九八年一月十七日)向中政府要求保障英人充任總稅務司之地位。總理衙門先於一八九八年二月十日答復照准。三日後又具函聲明。以英國對華貿易總額必須超過他國爲條件。將來如有一國貿易超過英國時。總稅務司之任用。中國政府當自行決定。不限定任用英人。

(三)海關引用日人　甲午以前。日本未獲得最惠國條款之權利。故海關並未引用日人。馬關條約締立後。日人勢力即逐漸伸張於海關。近年來日本對華貿易日盛。而日籍關員亦日見加增。

(四)郵政總辦由法人充任之要求　郵政事務本附設於海關。法國因甲午戰役亦向我國需索報酬。光緒二十四年(一八九八年四月)法國駐華公使竇拔衣 Dubail 向總理衙門要求。將來郵政事務脫離海關另設管理機關時。郵政總局總辦一席請以法人充任。此項要求。與英國之保障總稅務司地位。針鋒相對。

(五)租借地海關之設置　我國戰敗。引起各國獵取利權之爭。光緒二十三年(一八九七年)德國首租膠州灣。既而俄租旅順大連。英租九龍威海灣。法租廣州灣。均含報酬之意。在租借地內設置中國海關事件。雙方有協商規定。

總稅務司之地位及其職權。在英使要求確實保障以前。尚有限制。觀光緒二十四年正月十三日上總理衙門呈文。畧見一斑。其文曰。

溯查咸豐四年紅頭賊佔據上海地方官均已逃散惟中國貿易仍係照常彼時英法美三國領事官不欲中國課稅頓失隨會派委員三人代辦江海事務次年賊退該委員等即將所徵之稅全數交出而江蘇大憲因稅收數目增鉅大異昔年實有裕課便商之益隨定爲仍照上年新法接辦此關稅委用外人之起點有何欲網利權之情勢嗣因津約議定通商各口一律辦理亦係中國大臣之意並非外人所强（中略）咸豐九年總稅務司爲粤海關副稅務司是廣東延用外人係由上海推及粤省出督憲之意亦非外人所强後於咸豐十一年（中畧）由通商大臣江蘇巡撫薛派署總稅務司及至京中復由恭親王特派總理稅務此後歷開通商各口將一切事權委歸總稅務司一人均由中國王大臣作主派辦無一事由外人强索而總稅務司請辦各事王大臣均有駁不准行之權（下畧）

馬關條約訂立以後。海關外人勢力愈形鞏固。而不復有所顧忌矣。

庚子團匪事變。(一九〇〇年)聯軍入京。辛丑歃盟。誠爲咎由自取。固無可諱言。惟各國於中日戰後肆意侵略。遂引起清廷及北方一部份愚民惡感而有此反抗。創鉅痛深。遺禍至今日。使我受層層束縛。有無限之痛苦者也。

辛丑和約於光緒二十七年七月二十五日(一九〇一年九月七日)在北京與德．奧．英．法．意．美．比．俄．日本．西班牙．荷蘭．十一國訂立。該約共十二款。內中最重要者爲賠償關平銀四百五十兆兩。懲辦禍首．及劃地駐兵三事。其關於海關事件者爲第六款之戊節。內云。

所定承擔保票之財源開列於後 一 新關各進欵前已作爲擔保之借欵各本利付給之後餘剩者又進口貨稅增至切實值百抽五將所增之數加之(中畧)二 所有常關各進欵在各通商口岸之常關均歸新關管理(下畧)

二十八年(一九〇八年)與英訂中英續議通商行船條約十六欵。即通商史上最重大之馬凱條約。次年又與日美訂同樣之商約。大都根據馬凱條約意義。馬凱條約最重要條款爲第八欵。內分十六節。關於裁釐．加稅．添開商埠．及通商各事。摘述其大概。

一　預備將陸路鐵路及水道向設各釐卡及抽類似釐捐之關卡概予裁撤

一　洋貨進口稅增至值百抽五外再加一額外稅照和約所定之稅加一倍半之數

一　現有常關照舊存在其有海關而無常關及沿海沿邊非通商各口之各處均可添設常關

一　凡民帆各船進出通商口岸所納貨稅應與輪船相等

一　裁釐之後不出洋之土貨徵抽銷場稅

一　湖南長沙廣東江門及惠州四川萬縣安徽安慶均開爲商埠

二十九年之中美續議通商行船條約共十七欵。其第十二款內將盛京省之奉天府及安東縣由中國自行開埠通商。同年之中日通商行船續約共十三欵。其第十欵將湖南之長沙開作通商口岸。盛京省之奉天府及大東溝由中國自行開埠通商。中英中美中日通商行船條約．均根據庚子事變議定書第十一條之規定者也。

庚子之役。淸廷雖與列國宣戰。但東南各省並未牽入漩渦。該地大吏與各國領事議定保護東南之約。當時關係海關而有記載價值者。厥有二事。

一　各關洋員照常供職。即天津營口交戰區域內關務亦依舊進行。外人目中早視海關爲特殊性質之行政機關矣。

二　總稅務司赫德身在京畿不能行使職權。兩江總督劉坤一爲統一東南各國事權起見。特派稅務司戴勒 F. E. Taylor 爲代理總稅務司。但爲短時期臨時事耳。

日俄戰爭告終。兩國締結濮子懋斯 Portsmouth 和約。光緒三十一年十一月二十六日(一九〇五年)日本又與我訂東三省善後條約。計正約三欵。附約十二欵。其附約第一欵。將奉天省之鳳凰城遼陽新民屯鐵嶺通江子法庫門。吉林省之長春即寬城子吉林省城哈爾濱寗古塔琿春三姓。黑龍江之齊齊哈爾海拉爾愛琿滿州里。由我國自行開埠通商。

前淸末季。政府對海關曾有一度挽回主權之運動。光緒三十一年(一九〇六年五月九日)上諭。

戶部尚書鐵良派充督辦稅務大臣外務部左侍郎唐紹儀著派充會辦大臣所有各

海關所用華洋人員統歸節制欽此

外人大肆非難。謂海關有擔保外債關係。不能任意變更制度。英國即提出抗議。政府不得已於九月間聲明海關內部並不更動。此改革之計劃。遂於無形中自行消滅矣。

總稅務司赫德供職甚久。直至宣統三年（一九一一年九月二十一日）卒於英。赫德自一八六三年至一九〇二年．四十年間．僅返英三次。光緒三十四年（一九〇八年）因年老多病請假返國。中外人咸知其不再來華。清政府念其勞績不欲開缺。以副總稅務司裴世楷 Robert Bredom 代理。裴為赫德內戚。交誼甚密。畢裴自代。英政府未能贊同。宣統二年四月（一九一〇年）改派漢口稅務司安格聯 Francis Aglen 代理。及赫德卒後。宣統三年（一九一一年十月二十五日）實授安為總稅務司。

赫德於一八三五年二月二十日生於英吉利．亞瑪革州．密爾城。一八五三年畢業於貝爾發司脫 Belfast 之王后高等學校。Queen's College 翌年奉派來華充領事館翻譯學生。先在寧波副領事署。繼調往廣東。入海關任總巡之職。尋任副稅務司。升稅務司。既又署理總稅務司。隨即實授。在中國歷仕三朝。晉尚書銜。授太子少保。光緒甲午萬壽覃恩頒受誥軸。其子欽賜舉人。英政府亦極信任。一八八五年特任駐華公使。辭不就。一八九三年封從男爵。英政府訓令歷任駐華公使。有疑難事可就商赫德。其爲人精明强幹善華語並通文字。醉心東方文化。常衣滿清制服。自號樂彬。一字鷺賓。延翰苑名宿課其子習八股試帖。欲援朝鮮人金簡例納監應北闈試。當路以名器攸關。卒不許。赫德一生事跡見於一九〇九年裘利亞裴世楷女士所著洛勃忒赫德爵士一書。"Sir Robert Hart" by Julia Bredom 言之最詳也。

辛亥(一九一一年)武昌起義。政體變更。其先海關制度受關稅協定與外人管理之束縛。至是又受第三重之羈絆。即海關財政權又授諸外人。已各國藉詞我國財政紊亂。不能履行以關稅擔保各種外債上之義務。於一九一一年之末。要求將關稅收支兩項權利均委任於總稅務司。當時外務部與外交團商定稅款歸還外債辦法八條。

（一）此項委員會須由關於庚子以前以關稅作抵尚未付淸之各洋債銀行與關於和約賠款之各國銀行之總董組織成立該委員會應决定各洋債內何欵應行儘先付還並編立一先後次序單以便滬關稅司遵照辦理

（二）關係尤重之各銀行即滙豐德華道勝三家應作爲上海存管海關稅項之處

（三）應請總稅司承認允將海關所有淨存稅項開單交與所派之委員會屆中國政府復能償還洋債賠欵之時爲止

（四）應請總稅司籌備由各收稅處所將淨存稅項每星期匯交上海一次之辦法

（五）應請總稅司將上海所積淨存稅項竭力籌維於每星期均分收存滙豐德華道勝三行以作歸還該項洋債及賠欵之用上海稅司由此項存欵內按照第一條委員會决定之先後准其屆期提撥付還

（六）倘至一九一二年年底情形尚未平復屆時必須算淸下餘若干可作付還賠欵之用此項淸單須交外交團酌核如何分撥

（七）該委員會應每三個月將所收關稅如何撥付之處由駐滬各國領事報告駐京各國大臣

（八）此項辦法如有應行更改之時得以斟酌損益

其第二條。外交部與英國公使商改如下。

關係尤重之各銀行即匯豐德華道勝三家應作爲在上海收存關稅之處由一九一四年一月爲始每月杪待每月應付關稅所保一九〇〇年前所借各欵本息全行付清時所餘各欵應攤撥關於賠欵各銀行賬內足敷各該銀行每月應收賠欵之數上述辦法本爲權宜協約。乃大局既定。並未恢復舊章。而我國亦未有何種交涉。此日人所謂在中國往往有暫時辦法變成永久制度者也。

民國以來。稅務處一仍其舊。會同財政部管轄各地海關行政事務。查我國海關制度。外人管理之稅關。曰新關。或稱海關。原有內地稅關。爲舊關。或稱鈔關。民國四年政府通令各省釐定名稱以歸一律。謂前者曰海關。後者曰常關。

民國三年。政府發行內國公債。爲堅人民信用以利推行起見。特任總稅務司安格聯爲內國公債會計協理．管理基金事宜。財政部呈大總統文。照錄於下。

呈爲陳明公債局董事推定專員經理出納公債欵項仰祈鈞鑒事竊維此次舉辦內國公債恭奉大總統制定條例一切應付本息均另指定的欵並於公債條例內載明償本付息之欵均交指定之外國銀行存儲等因凡所以昭示大信於國民者實已至爲周洽惟是償還債欵固貴準備於事前而出納欵項尤貴得人以經理現由公債局董事提議推定公債局協理總稅務司安格聯爲經理專員定名爲會計協理所有該局收存欵項及預備償本付息及支付存欵均由該員安格聯經理以專責成一切關於公債欵項出納事務除經總理簽字外仍均由安格聯副署業經公債局各董事一致贊同本部覆查公債局協理總稅務司安格聯辦理全國海關收入及償還各國欵項事務措置咸宜久爲中外紳商之所信仰此次被舉爲公債局會計協理專司出納債欵於公債信用裨益自多理合開具緣由繕呈具陳伏乞大總統鑒核施行

民國三年八月二十二日奉批令據呈已悉此批

十年三月三日政府整理八釐軍需．愛國．元年．五年．七年長期．八年七釐．六項公債。訂定整理內國公債辦法九條。其關係關稅餘欵及總稅務司職權者。

第八條指撥本息基金　此項本息基金現擬以各常關收入及海關稅餘欵儘數作抵（下畧）

第九條上項基金保管方法　此項基金處理保管均極重要擬仿照三四年七年短期公債辦法由各該機關商定撥欵手續撥交總稅務司安格聯一面由內國公債局暨銀行方面推舉代表與該總稅務司會同辦理似此基金有着人民庶曉然於公債之整理有方至該總稅務司收到各項基金應如數存入中國銀行以資應付銀行方面應照三四年辦法亦隨時協濟以助進行

此後政府發行十一年公債．教育庫券四二庫券．使領庫券．十四年公債等．均指停付賠欵作抵。亦委托總稅務司管理基金。

民國十一年終外交團要求以關餘抵付一切無擔保外債總稅務司安格聯曾於十二年初發表關於中國用關稅關餘等欵抵還外債賠欵及內債事宜之說帖照錄如下

竊總稅務司前接上海總商會銀行公會錢業公會來電略稱連日報載外交團提議擬移內國公債基金抵付積欠外債此事雖不知是否屬實而債票行情因之大形震動誠恐經濟危機轉瞬即至查外債既已各有抵押品如尚欲侵奪內債基金實欠公允蓋此項內債基金設有動搖不但持票人受害匪淺且於商務經濟以及外人財產前途勢將發生重大影響貴總稅務司身居受托人地位有維持債信之責任應請設法照案保管內債基金並盼見復等語准此當由總稅務司於一月三日電覆該總商會等大致以四國照會引起根本大問題影響國家信用貴會應向中國政府條陳意見由政府設法對付至整理案內各項公債鄙人經管一日必竭力維持其已成立之優先權惟因此事過於紛繁非電報所能詳盡以故現擬備具說帖通告周知等語去後旋由上海該會等將以上往復電文登載滬埠洋文報紙諒邀衆覽總稅務司竊按

中國政府目前財政紊亂之狀態如欲將政府可以完全自由用作借欵擔保之收入公平分配淸償各項債務並對於倚恃此項收入償還之各項債務一切還本付息事宜均使其若網在綱有條不紊則其唯一正當辦法厥惟嚴守優先權之原則而已玆將用海常兩關稅收作爲擔保之華洋各項債務按其優先權成立之次序開列於左

甲　直接用關稅爲擔保之借欵等

(一)　一八九五年四釐息金欵

(二)　一八九六年五釐息金欵

(三)　一八九八年四釐五息金欵

(四)　庚子賠欵

(五)　一九一三年善後借欵

乙　用關餘爲擔保之借欵

(一)　三年內國公債

(二) 四年內國公債

(三) 整理案內各項公債

(四) 九六公債

按目前金銀價格情形並預計民國十一年新修進口稅則施行後關稅加至切實值百抽五所有海關收入之欵諒可將上列各項借欵等本年應償之額全部償還至乙項中所列第三欵整理案內各項公債爲止是整理案內各項公債不但不能全份維持並無敷餘欵項償還九六公債之一部分查此項預計係按下開各情形爲其計算之根據竊考自民國十一年一月一日起至十二月三十一日止共由關稅項下提撥洋銀之概數有二千一百餘萬元作爲償還整理案內各項公債基金(請閱所附之一覽表)惟此項二千一百餘萬元之欵係由民國十十一年關餘項下所撥其十一年關餘計爲一千四百餘萬元外有二百七十萬元係由民國十一年底結存項下轉入新帳備作民國十二年一月一日起至三月三十一日止整理案內各項公債還本付息之用蓋在

民國十二年一月一日起至三月三十一日止期內不能爲償還整理案內各項公債提撥關稅其故係因碍及用關稅擔保各外債及庚子賠欵等之優先權此所以必須由去年結存項下預先提撥也查民國十二年整理案內各項公債應行還本付息之全數計爲洋銀二千四百二十八萬四千五百三十一元設如應由鹽餘項下協撥之欵仍不能按期交付查應由鹽餘項下協撥之款自民國十一年八月起並未交付分文則所有整理案內各項公債應由下列欵項設法籌還

一民國十一年底結存之欵計洋銀二百七十萬元

二民國十二年份關餘項下提撥洋銀二千一百五十八萬四千五百三十一元

兩項共計洋銀二千四百二十八萬四千五百三十一元

竊查按照優先權成立之次序所有應由關稅項下儘先償付之金債務依民國十一年金銀價格用銀購買金鎊計共用去洋銀五千五百三十一萬八千四百三十四元其民國十一年金銀折中價格爲每規平銀一兩合英金三先令四本士四分之一惟目

前金漲銀落每規平銀一兩祇可購英金三先令按此價格計之所有民國十二年份應還之各項金債務再加法比意等國之庚子賠欵由跌價紙幣改爲按現金幣償還及善後借欵還本應用之欵如銀價不再跌落則本年需用洋銀六千六百五十五萬四千六百二十一元方資應付由此可見民國十二年份之關餘依照民國十一年份之稅收預算應減少洋銀一千一百二十三萬六千一百八十七元此數即由以上兩年用規銀購買金鎊比差之數而來而海關尙須於前開比差數目之外加撥經費三百二十八萬八千元備作重修滬關關房之用兩項共計即爲洋銀一千四百五十二萬四千一百八十七元矣民國十一年份之關餘統共有洋銀二千一百八十八萬三千餘元而民國十二年份之關餘則如不將實行十一年新修進口稅則後增出之稅欵併計在內不過僅有洋銀七百三十五萬八千八百十三元之希望而已况查民國十一年新修進口稅則係於十二年一月十七日施行所有由外洋進口之貨其在施行新則以前起運來華者仍應照舊則征稅可見新修進口稅則在民國十二年期內

不過能收實施九個月之效力因此據總稅務司所預計民國十二年可以加出之稅欵僅爲洋銀一千萬元以之加入前述預計民國十二年份關餘洋銀七百三十五萬八千八百十三元數內共爲洋銀一千七百三十五萬八千八百十三元實爲民國十二年預計關餘之全數也總稅務司前文解明如欲將整理案內各項公債本年應還之額全部維持須由民國十二年關餘項下提出洋銀二千一百五十八萬四千五百三十一元可見如將本年關餘全部連施行十一年新修進口稅則後加出稅欵在內提作償還整理案內各項公債之用則無餘欵償付九六公債一部分之本息也

茲將民國十二年份擬提內債基金數目列下

計　開

預計收入項下

上年底結存之欵洋銀二百七十萬元

民國十二年份預計關餘全數洋銀一千七百三十五萬八千八百十三元

共洋銀二千零零五萬八千八百十三元

應行支出項下

整理案內各項公債應付本息共洋銀二千四百二十八萬四千五百三十一元

以上入支兩抵預計虧短洋銀四百二十二萬五千七百十八元

查民國十一年新修進口稅則施行後依總稅務司所預計可增出洋銀一千萬元之數而中國政府因未慮及整理案內各項公債及九六公債已經成立優先權之故業已屢將前項加增之稅收指撥各項行政經費其數竟至洋銀一千三百萬元之鉅此項行政經費如果使其超越各項債務已經成立優先權之次序則該項行政經費一千三百萬元一欵應於預計民國十二年關餘項下一千七百三十五萬八千八百十三元內扣除是內債基金一項只餘洋銀四百三十五萬八千八百十三元而在民國十二年期內欲維持整理案內各項公債之全額則須由關餘項下提出洋銀二千一百五十八萬四千五百三十一元方屬可行按此可見總稅務司不但不對於整理案

內各項公債不能全部維持且於九六公債亦無法籌出分文的欵矣竊查民國十年訂定整理內債辦法雖訂明每年應由鹽餘項下提撥洋銀一千四百萬元由交通部協撥洋銀六百萬元共爲洋銀二千萬元惟該兩項應撥之欵早已完全停止撥解此後恐尙無繼續提撥之望似此並不照撥如關餘仍敷償還整理案內各項公債之用其問題尙無十分之關係惟政府如果不但不依照原案將每年應由鹽餘及交通協撥之二千萬元如數撥解且擬由關稅項下提出行政經費至一千三百萬元之鉅在總稅務司實屬無法籌出現銀存儲銀行備作償付整理案內各項公債本息之用自屬情事顯然也且政府未經取得持票人之同意即擬由海關稅收項下提撥行政經費此不獨令總稅務司不能繼續擔任整理案內各項公債之責且於大總統命令成立優先權之主旨亦屬大相違背尤使外國債權方面得以債權擔保失效之詞爲藉口請求中國政府特行提出關餘中之一部分備作償還外債擔保之用矣再總稅務司前據上海總商會銀行公會錢業公會來電提及四國照會一層當經復以四國照

會引起根本大問題影響國家信用等語總稅務司查按照現在辦法凡享有特權之華洋債主其本息每年均照數付還而未享有特權者則本息全無著落竊以此項辦法並不足以維持國家信用蓋目前政府所有收入不敷償還一切債務之用所以外國債權方面現在擬將中國政府債務按照普通民事宣告破產辦法辦理即係擬將政府現銀的欵即關餘一項匀分其一部分備作償還積欠外債之用不容完全抵作內國公債基金按前述四國照會對於此項提議大致亦表同情請求中國政府將整理案內各項公債及九六公債已經成立之優先權作爲無效惟在該四國似尚無意將中國所有積欠債欵按普通民事宣告破產方法一律要索償淸蓋以此項破產方法究竟能否適用於享有自主權之國家尚屬一項問題且該四國祇主張關稅擔保外債及賠欵之優先權並非擬將擔保前列甲項債務等之入欵通盤籌畫作爲各項債務同用之擔保故祇提議對於關餘一項應按共同擔保之辦法辦理換言之該四國佔有優先權之次序即主張優先權之原則至於內債基金雖已奉大總統明令核

准之優先權而該四國則又加以蔑視殊不知內債債主方面亦可主張其奉准之關餘優先權與外國債主所享受之優先權有完全同等之效力但一項優先權之原則不能有兩項並行之辦法如祇請求此一分債務之優先權而不承認彼一分債務之優先權殊屬不合公理總而言之據總稅務司之意政府如不將各項華洋債務有無擔保者一律償清則對於整理案內各項公債及九六公債之持票者請求其關餘優先權實屬無人可駁職是之故總稅務司已經電復上海總商會等必竭力維持其成立之優先權云云惟在中國政府如果自行違背優先原則仍擬由關餘項下每年提撥行政經費洋銀一千三百萬元此係政府搜總稅務司之脚根則對於公債信用自屬不能維持矣再中國政府如擬回復四國照會在總稅務司竊以應行請求各國允許中國自由訂定稅則以便政府將有無擔保以及曾否整理之各項華洋債務均可由增收稅欵中分配償還實爲正當辦法也

總稅務司安格聯具

安格聯服務海關多年。任總稅務司亦已十餘年。遇事敢爲。權衡獨運。辛亥政變擴充其勢力。今又管理內債基金。其責任更形重大矣。我國海關設置總稅務司。迄今首尾六十七年。歷任五人。

李國泰　一八五九至一八六三年（實任）

費子洛　一八六一至一八六三年（代理）

赫　德　一八六一至一八六三年（代理）

　　　　一八六三至一九一一年（實任）

裴世楷　一九〇八至一九一〇年（代理）

安格聯　一九一〇至一九一一年（代理）

　　　　一九一一年至今（實任）

茲再具下列表式說明之。

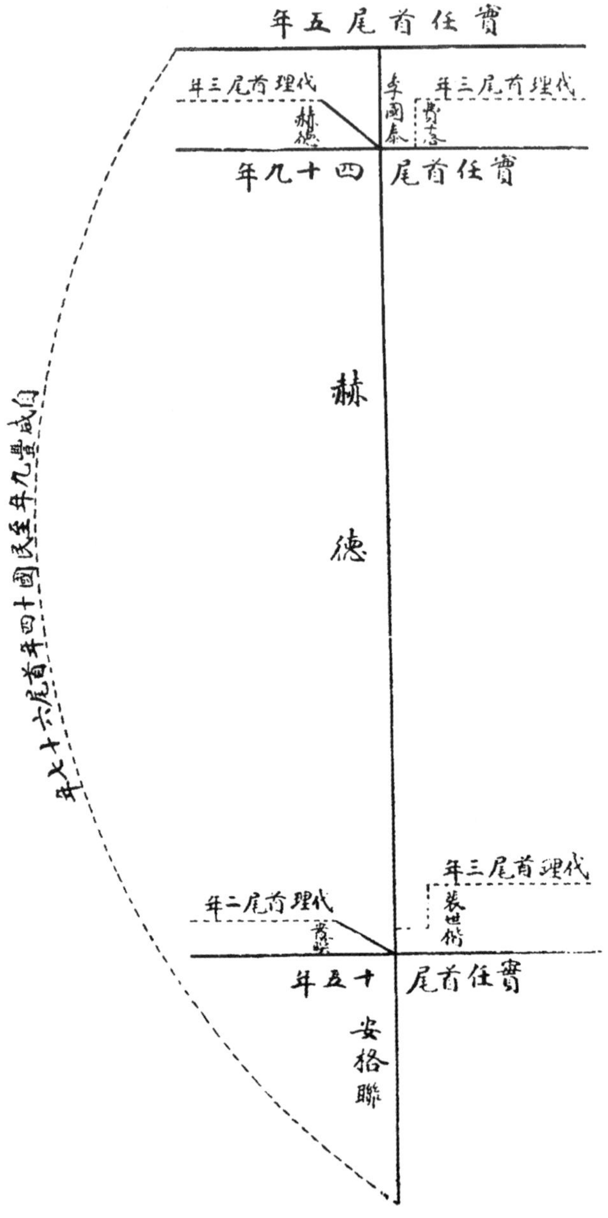
實任首尾五年
代理首尾三年
赫德
李國泰
代理首尾三年
實任首尾四十九年
赫
德
自咸豐九年至民國十四年首尾六十七年
代理首尾三年
裴世楷
代理首尾二年
實任首尾十五年
安
格
聯

費子洛與赫德同時代理，首尾三年，在李國泰任期內。裴世楷代理首尾三年。在赫德任期內。實任者僅李國泰赫德安格聯三人。但李國泰任期五年，而請假二年，在職亦不久。實際上惟赫德安格聯二氏已耳。

總稅務司地位就其沿革觀之。不過我國徵稅機關助理員而已。自赫德安格聯總司稅務，殫精竭慮，高掌遠蹠，以發揚其智能，鞏固其勢力。潛滋暗長。積重難返。其所由來者漸，固非今日始也。

中國海關制度沿革

吳縣楊德森編

下編　海關現行制度

第一節　海關之統屬

閱海關沿革編。可見外人蟠居勢力之强固。其現行制度。自總稅務司以下稅務司副稅務司以及各高級職務。無一非外人佔據。本編述現行海關制度之前。先言海關之統屬。以明其在國家行政機關之地位。茲具下列表式如左。

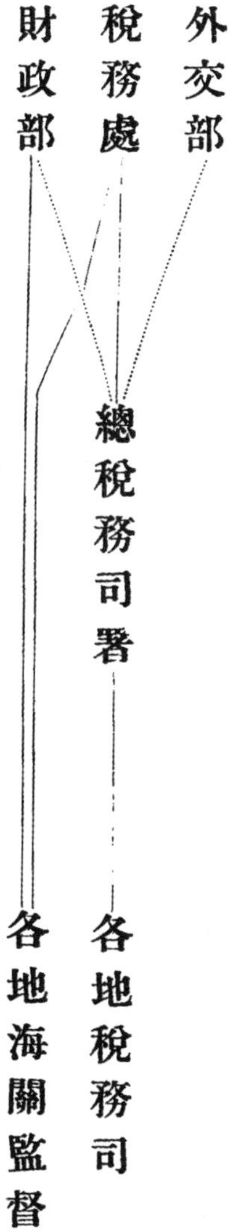

右表中。實線說明管轄實權。虛線說明間接管轄關係或表面管轄關係。但稅務處對於總稅務司僅有表面管轄權。於關監督亦僅有表面指揮權。以總稅務司有獨立權。而關監督受財政部節制故也。總稅務司爲中國官吏。受中國政府俸給。而聽政府指揮者也。

初屬總理衙門。光緒二十七年(一九〇一年)改隸外務部。三十二年(一九〇六年)改由稅務處管轄。按官制。總稅務司爲海關第二行政長官。先後受總理衙門大臣外務大臣稅務處督辦節制。海關最高行政長官爲稅務處督辦．其次會辦。總稅務司地位充其量不過與會辦並列耳。

稅務處行使其職權方法。間接經由總稅務司命令各地稅務司．直接命令各關監督也。就實際上言。海關行政權操諸總稅務司。各地關務操諸各該地稅務司。稅務處與關監督處於監督地位而已。

監督爲各關之主。稅務司副之。但現行制度稅務司在海關主持徵稅事務。關監督在本署依據稅務司報告以造具報册。監督與稅務司之權限向無明確之規定。同治十二年(一八七三年)總稅務司報告書中。對於此事曾表示無分清界限之必要。其言曰。

(上畧)今欲規定稅務司與監督職權界限實爲不可能而非必要之事類此之職權界限極難規定並且一經規定反易引起爭端也(下畧)

總理衙門大臣恭親王於咸豐十一年委派費子洛與赫德署理總稅務司之劄委。（見海關沿革篇）其第四節中有云。

對於應支俸給及其他應支經費責成各關監督會同該總稅務司等協商規定（下畧）

其第五節有云。

再管理各種外國商船往來事件各關監督應會同該總稅務司等協商一切（下畧）

就此劄委而言。各關監督爲各關主管長官顯而易見。今稅務司高據主任而監督反爲其副。蓋亦由漸侵佔而來。李譯中國關稅制度論謂．大凡兩頭政治．其實權在原則上漸落於知識經驗較優者之手．此勢所難免者云云。於此可見關監督之大權旁落矣。

第二節　海關職員之階級

海關職員列爲三部．

（甲）稅課司 Revenue Department

(乙)海政局 Marine Department

(丙)工程局 Works Department

稅課司爲徵課關稅及管轄海關行政之主要部份。現行制度分該部人員爲六項。但實際上僅爲三項。因區別華洋人員而將華員另列。遂成六項。茲分述如下。

(一)徵稅科(即內班) In-Door Staff 華洋帮辦附

總稅務司一人英籍

稅務司四十三人均洋員

署稅務司十四人均洋員底缺爲副稅務司或高級幫辦

暫行代理稅務一人洋員底缺爲副稅務司

副稅務司三十人

署副稅務司十九人

凡署缺人員之名額已分別列入副稅務司及帮辦欄下

洋班帮辦一百五十七人均洋員內分

超等特班五人

超等前班十五人

超等後班十人

頭等前班二十四人

頭等後班十九人

二等前班十一人

二等後班十一人

三等前班十四人

三等後班十六人

四等前班十八人

四等後班二人

另用正前班三人
另用副前班四人
另用正後班三人
另用副後班　無
未列等帮辦三人
華帮辦一百五十一人內分
超等前班四人
超等後班一人
頭等前班六人
頭等後班七人
二等前班七人
二等後班十六人

三等前班二十九人
三等後班四十一人
四等前班二十八人
四等後班十二人
又雜項二十三人俱洋員內分
繙譯一人
疋頭技士一人
寄頓處執事一人
速記書記員二人
速記員二人
速記打字員一人
監事一人

印刷所經理一人
總校對員一人
正校對員一人
試用校對員二人
印刷員一人
管理物料員一人
看守公所一人
差遣童一人在倫敦
管理棧房一人
又醫員四十八人內洋員四十四人華員四人
(二)稽查科(即外班) Out Door Staff
超等總巡十一人

署超等總巡一人
頭等總巡前班十三人
頭等總巡後班十三人
署頭等總巡五人
二等總巡前班七人
二等總巡後班六人
署二等總巡八人
三等總巡十一人不分前後班
署三等總巡十一人
四等總巡前班五人
四等總巡後班十七人
署四等總巡九人

超等驗估八人

驗估前班九人

驗估後班十三人

署驗估五人

頭等驗貨前班二十九人

頭等驗貨後班三十七人

二等驗貨前班四十八人

二等驗貨後班四十人

三等驗貨前班七十二人

三等驗貨後班七十四人

超等鈐子手二十三人

頭等鈐子手七十人

二等鈐子手七十四人
三等鈐子手六十七人
四等鈐子手九十八人
試用鈐子手三十一人
就地巡役二十四人
雜項四十五人
寄頓處執事一人
莫干山調養主管婦一人
私鹽巡役三人
信差二人
值宿員一人
汽車司機一人

女緝私役一人

汽鍋匠一人

巡役四十五人

(三)巡緝科(洋) Coast Staff

管駕官六人

管駕正六人

管駕副前班四人

管駕副中班三人

管駕副後班十一人

管輪正五人

管輪副正前班三人

管輪副副前班三人

管輪副正後班三人

管輪副副後班無

巡艇弁十三人

(四)徵稅科(即內班)(華)Chinese Staff: In Door

同文供事

超等前班無

超等中班四人

超等後班五人

頭等前班十人

頭等中班十四人

頭等後班二十八人

二等前班七十四人

二等中班一百十七人

二等後班一百二十九人

三等前班一百人

三等中班二十九人

三等後班七十人

試用三人

另用十七人

就地七十五人

副校對員十一人

見習二十六人

文案七十三人

司書三十四人

教讀三人

錄事三百四十一人

打字生等十一人

(五)稽查科(即外班)(華)Chinese Staff: Out-Door

華班鈐子手

超等前班無

超等後班無

頭等前班五人

頭等後班三人

二等前班無

二等後班十二人

三等前班二十二人

三等後班五十四人

四等前班一百十二人

四等後班六十九人

試用鈐子手六十人

秤手巡役排字匠印書匠釘書匠等六百另八人

水手衛兵九百七十三人

信差聽差等五百另一人

轎夫門役更夫苦力等五百八十五人

木匠水夫住宅雜役等六百十三人

（六）巡緝科（華）Chineso Staff : Coast

大小火輪及舊式船隻四十九只

共用司機火夫等三百五十四人

(乙)海政局

(一)巡工科 Coast Inspector's Staff

巡工司一人

副巡工司二人

巡江工司二人

副巡江工司五人

巡段江工司四人

巡江員前班一人

巡江員中班三人

巡江員後班一人

管駕正　無

管駕副前班一人

管駕副中班一人
管駕副後班四人
小輪工司二人
測量司一人
監事二人
雜項七人內分
黑龍江航務專門顧問一人
監事(暫時)一人
管理儲存所三人
泅水匠二人
以上俱洋員
供事二人

另用供事七人

繪圖師七人

繪工七人

匠董一人

河道監事一人

以上俱華員

(二)理船科 Harbonrs Staff

理船廳五人

總巡兼辦理船廳事宜二十五人

帮辦理船廳三人

指泊所一等二人

指泊所二等三人

指泊所三等八人
海洋測量師一人
副海洋測量師一人
供事一人
火藥棧司事一人
巡江吏二十四人內分
督察長二人
稽查　無
巡長十人
巡士十二人
以上俱洋員
頭等供事一人

二等供事七人

三等供事十五人

試用供事一人

雜項三人

以上俱華員

(三)鐙塔科 Lights Staff

巡鐙司一人

船主　無

大副　無

超等值事人上班二人

超等值事人下班一人

頭等值事人上班六人

頭等値事人下班六人

二等値事人上班五人

二等値事人下班十七人

三等値事人上班十二人

三等値事人下班　無

以上俱洋員

華値事人五百四十一人為輔助員役

(四)運輸科 Marine Staff

管駕官五人

管駕正四人

管駕副前班一人

管駕副中班二人

管駕副後班七人

管輪正五人

管輪副正前班二人

管輪副副前班三人

管輪副正後班三人

管輪副副後班　無

船主一人

小輪工司一人

巡艇弁四人

機匠一人

舵工三人

以上俱洋員

又華水手機司工匠人等六百二十四人

(五)華員班 Chinese Staff 共四百三十七人內分

巡查衛兵機司火夫水手聽差木匠等

丙)工程局

(一)營造科 Engineers Staff

總營造司一人

營造司一人

副營造司一人

建築司二人

副建築司三人

以上俱洋員

(二)圖畫科 office Staff

監事　無

華班帮辦一人

供事二人

另用供事一人

繪圖師二人

繪工五人

以上俱華員

(三)督工科 Out Door Staff

工師十一人

匠董七人

(四)華員班 Chinese Staff 十三人內分

匠董水手聽差苦力瓦匠等

右記錄根據民國十三年調查

第三節　總稅務司署之組織

總稅務司公署。設總稅務司一人。管轄五科三處。詳述如左。

總稅務司　綜理全國關稅行政與關員任免事務。

總署內分五科。

總務科　Chief Secretary

機要科　Personal Secretary in charge of Private Secretariat

統計科　Audit Secretary

漢文科　Chinese Secretary

銓叙科　Staff Secretary

每科設主任一員。稱某科秘書。由稅務司或署稅務司階級人員任之。副主任一員。稱某科襄辦秘書。由副稅務司或署副稅務司階級人員任之。正副主任均以洋員充任。多數爲英籍。法美意日四國至少各佔一席。荷蘭比利時丹麥等國或有或無。固無一定。正副主任之更動。悉由總稅務司裁決。事後呈報稅務處備案。

總務科　職務至爲重要。自一九一〇年副總稅務司一缺裁撤後。所有以前職務即通常關務均歸此科管轄。設正副主任各一人。華帮辦若干人。無定額。

機要科　專司機要文件事宜。設正主任一人。向有副主任。現經裁撤。添設洋帮辦一人。此科事務。華員從未參與。

統計科　總轄海關會計事宜兼管債賠欵並審查各海關會計事。此科亦甚重要。設正主任一人副主任五人。分掌下列各事。

(一)襄辦會計事務

(二)管理稅項賬目

(三)管理不動產業

(四)管理養老金賬目

(五)管理經常費賬目

各課副主任下設華帮辦若干人。無定額。

漢文科　管理各關漢文報告及總稅務司與政府往來公文事宜。設正副主任各一人。由洋員中通漢文者充任。華帮辦供事文案司書各若干人。無定額。

銓叙科　掌管關員任免進退事宜。設正副主任各一人。華帮辦供事各若干人。無定額。

五科外總署兼轄三處。

造册處 Statistical Department

駐外辦事處 Non-Resident Secretary

內債基金處 Chinese National Loan Service Department

造册處　設於上海。管理編製及印刷統計暨供給賬册紙張文具事宜。設正主任一人。副主任二人。一華一外。華員爲署缺。又帮辦供事工匠各若干人。無定額。

駐外辦事處　設於倫敦。掌管採辦海關用品招用投効人員接洽償付英德借欵並支付關員來華旅費事宜。設正主任一人。帮辦若干人。
內債基金處　設於北京。與總署分立。專司政府委辦之內債基金事宜。設正主任一人。
華帮辦供事各若干人。均由稅課司調用。又漢文文案一人。

第四節　各地海關

現在各地海關共有四十六處。茲詳列於下。

江海關　Shanghai
江漢關　Hankow
津海關　Tientsin
粵海關　Canton
閩海關　Foochow
九江關　Kiukiang
浙海關　Ningpo

沙市關 Shasi

膠海關 Kiaochow

大連關 Dairen

愛琿關 Aigun

哈爾濱關 Harbin

琿春關 Hunchun

龍井村關 Lungchingtsun

奉天 Moukden

安東關 Antung

山海關 Newchwang

秦王島關 Chinwantao

龍口關 Lungkow

東海關 Chefoo
重慶關 Chungking
萬縣關 Wanhsien
宜昌關 Ichang
長沙關 Changsha
岳州關 Yochow
蕪湖關 Wuhu
金陵關 Nanking
鎮江關 Chinkiang
蘇州關 Soochow
杭州關 Hanchow
甌海關 Wenchow

福海關 Santuao
厦門關 Amoy
潮海關 Swatow
九龍關 Kowloon
拱北關 Lappa
江門關 Kongmoon
三水關 Samshui
梧州關 Wuchow
南甯關 Nanning
瓊海關 Kiungchow
北海關 Pakhoi
龍州關 Lungchow

蒙自關　Mengtsz

思茅關　Szemao

騰越關　Tengyueh

各地海關設稅務司一人。管理全關行政事宜。雖事務繁簡不同。而辦事約分六課。

(一)總務課

(二)祕書課

(三)會計課

(四)統計課

(五)監查課

(六)驗查課

一二三四課。以內班洋帮辦爲課長。五六課。外班洋帮辦爲課長。並有於六課外添設他課者。亦有於總務課設置分課者。各關中有因事務繁多收入旺盛之區。如上海天津漢口大連青島九龍廣東汕頭九江蕪湖等處設置副稅務司。天津廣東更設二名以上。上海尤多。至小口事務簡單。不設副稅務司。

各關人員分內外兩班（又巡緝科與鐙塔科）

內班　稅務司　副稅務司小口無　洋幫辦小口無　華幫辦　供事無定額　華員

文案司書錄事有定額

外班　總巡兼理船廳　驗估　驗貨　洋鈐子手　華鈐子手俱無定額　巡役秤

手水手聽差門役更夫水夫木匠雜役等

巡緝科及鐙塔科人員各口因地而異員額無定組織亦不一律

依辛丑和約協定。各通商口岸之常關移歸海關管理。但稅旺事繁之地得設獨立常關。以副稅務司爲主任。通例於海關內設常關課。以洋幫辦爲課長。

至關監督與稅務司之關係已見本編第一節。茲再詳述之各關監督之俸給。自民國二年（一九一三年）四月起。由海關收入項下撥付。每月一千五百元至三千元不等。監督署全部經費在內。關監督另設公署。與稅務司會晤時不多。事實上遂少協商。海關徵稅所用華文單照由監督署供給。稅務處遇有放行官用物件．及國用軍火．暨機製仿造貨物豁免釐捐等事．向例令知關監督咨行稅務司照辦。但稅務司在未奉總稅務司署同樣令文以前不即實行。至監督例行公事．爲印發護照及代輪商轉請交通部執照等事。稅務司對監督例行公事．爲撥付監督署經費與咨送冊報而已。

第五節　華洋關員之人數

海關人員之任免權。操諸總稅務司一人。政府無權干涉。僅高級人員進退．於事後呈報稅務處。我政府當軸放任至此。由來久矣。總稅務司爲謀海關行政上便利．及鞏固外人地位起見．廣羅各國人才。即與中國無通商條約關係之國民亦間有採用者。或謂採用外員標準取均勢主義。實則英籍獨多。約居外籍全數之半。或謂因海關辦事採用英華兩種語言文字．故不得不多用英人。此外强大之國亦佔多席。日本在甲午以前．與我所訂條約無最惠國條欵。故其國民未經採用。馬關條約締結後。始能利益均沾。比年來日本對華貿易額驟增。幾駕英國而上之。於是保障英人充任總稅務司之條件頓現不穩之象。總稅務司熟睹此形勢乃多攬用日人。英國報紙遂謂日本對華貿易增進之自然結果有以促成之云。

據民國五年調查海關人員總數。

華員　六千三百二十五人

洋員　一千三百二十一人

總數　七千六百四十六人

據民國十三年調查。

華員　六千九百二十四人

洋員　一千四百四十五人

總數　八千三百六十九人

上述洋員一千四百四十五人。共分二十三國國籍。

英	British	七六六
日本	Japanese	二一六
俄	Russian	一一四
美	Amorican	七〇
丹麥	Danish	四七
拿威	Norwegian	三九
意	Italian	三四
法	French	三二
葡	Portuguose	三〇
瑞典	Swedish	二八
臘脫維亞	Latvian	一六
波蘭	Polish	一〇

西班牙	Spanish	八
荷蘭	Dutch	七
比	Belgian	六
高麗	Korean	五
柴曲斯洛伐克	Czecho-Slovak	四
埃桑尼亞	Esthonian	三
芬蘭	Finnish	三
里蘇阿尼亞	Lithuanian	三
瑞士	Swiss	二
希臘	Greek	一
羅馬尼亞	Roumanian	一

附註．從前德奧人不少．歐戰發生．中國對德奧絕交．立即遣散．並曾用土耳其暹羅盧

森堡匈牙利人今亦缺.

總稅務司公署總稅務司與各科正副主任.各關稅務司與高級職務。無一非外人充任。華員職位卑微。全部處助理地位。茲再分述外人所佔之高級職務。

總稅務司　英人

稅務司四十三人　英二七　法七　日二　美一　臘脫維亞一
葡二　意一　荷一　丹一

副稅務司三十人　英一八　日五　丹二　比一
葡二　美一　意一

署稅務司十四人　英一〇　意二
日一　比一

暫行代理稅務司一人　英人

署副稅務司十九人　英九　美二　荷一　西班牙一
日二　意二　那威一　華一

附註.本年份.日員升任稅務司與副稅務司者各數人.

華副稅務司一缺。即上海造册處署襄辦秘書.

洋幫辦

超等特班　五人　荷二　俄一　德一　葡一

超等前班十五人　英七　日三　意三　荷一　比一

超等後班　十人　日四　高麗一　英三　那威一　西班牙一

頭等前班廿四人　英七　法一　日五　意一　俄四　丹一　美三　瑞典一　那威一

頭等後班十九人　英八　日一　美四　意一　俄二　瑞典一　法二

二等前班十一人　日七　英一　美一　丹一　俄一

二等後班　十人　英六　法二　日一　比一

三等前班十四人　英一〇　俄二　日一　那威一

三等後班十六人　英七　俄一　法二　美一　意二　葡一　比一　那威一

四等前班十八人　英九　俄一　美四　那威一　日三

四等後班　二人　美一　法一

另用正前班三人　日一　俄一　法一

另用副前班四人　英二　日二

另用正後班三人　俱日人

另用副後班　無

洋員高級多而低級少。俸給亦鉅。華員則反是。故全年經費賬目俸薪項下。內班。華員五千三百餘人。共支約二百萬兩。外員一千二百餘人。乃支三百萬兩而强。至海政局人員。向指船鈔開銷。華員一千六百餘人。俸薪總額。亦不及洋員二百餘人所支遠甚。世界各國聘用客卿以備諮詢者有之。但未有如中國海關之喧賓奪主如此者也。

第六節　關員俸薪之等級

海關人員現行俸薪章程。係民國十一年（一九二二年）訂定。先是。宣統三年（一九一一年）已改訂一次。俸薪等級。華洋人員厚薄不同。現行章程更不如前。兹分別言之。

宣統三年訂定俸薪章程以關平銀兩計

階級	洋員	華員	華洋比較

總稅務司	關平四〇〇〇兩	無	
稅務司	八〇〇至一二五〇	無	
副稅務司	六〇〇	無	
各等幫辦內分			
超等前班	五〇〇	三五〇	合七折
超等後班	四五〇	三〇〇	七折弱
頭等前班	四〇〇	二五〇	七折弱
頭等後班	三五〇	二二五	七折弱
二等前班	三〇〇	二〇〇	七折弱
二等後班	二五〇	一八〇	七折弱
三等前班	二〇〇	一六〇	八折
三等後班	一七五	一四〇	八折

四等前班	一五〇	一二〇	八折
四等後班	一二五	一〇〇	八折

附註

民國三年（一九一三年）華員四等幫辦分爲前中後三班。前班一百二十兩。中班一百兩。後班八十兩。

民國十年（一九二一年）洋員三四等幫辦均照原薪加二十五兩。

又規定洋員入關試用六月後即升任四等前班。

以上均內班人員。

現行章程民國十一年六月訂定

階級	洋員	華員	比較
總稅務司	四〇〇〇	無	
稅務司 分四級	一〇〇〇 九〇〇	無	

	一一〇〇 一二五〇		
副稅務司	七〇〇	五〇〇	
各等幫辦			
超等特班	六〇〇至七〇〇	無	
超等前班	六〇〇	四〇〇	七折弱
超等後班	五五〇	三五〇	六折強
頭等前班	五〇〇	三〇〇	六折
頭等後班	四五〇	二五〇	六折弱
二等前班	四〇〇	二二五	六折弱
二等後班	三五〇	二〇〇	六折弱
三等前班	三〇〇	一七五	六折弱
三等後班	二五〇	一五〇	六折

四等前班	二〇〇	一二五	六折强
四等後班	一七五	一〇〇	六折弱

附註

稅務司署缺．按原薪加一百五十兩．代缺加一百兩．

副稅務司署缺．按原薪加七十五兩．

洋幫辦添設另用四班．即額外四班．分正前．五二五兩．正後．四二五兩。副前．三二五兩．副後．二二五兩．以位置資格欠缺或成績不佳人員．

超等特班．爲高級洋員有缺點不能升任正副稅務司者而設．

以上均內班人員．

新舊章程之比較．宣統三年章程華洋比例爲七折至八折．現行章程爲六折至七折．

現行供事薪章民國十一年訂定

超等前班	三〇〇	中班	二五〇	後班	二〇〇	
頭等前班	一七五	中班	一六〇	後班	一四五	
二等前班	一三〇	中班	一一五	後班	一〇〇	
三等前班	八五	中班	七〇	後班	五五	
試用供事	四五					
另用供事	三〇至九〇					
就地供事	二五起薪					
見習	五〇					

外班洋員現行薪章民國十一年訂定

超等總巡	四〇〇至六〇〇					署超等總巡按原薪加一百兩
頭等總巡前班	三五〇			後班	三〇〇	署頭等總巡按原薪加五十兩
二等總巡前班	二七五			後班	二五〇	署二等總巡按原薪加三十五兩

三等總巡（不分前後班）	二二五			署三等總巡按原薪加二十五兩
四等總巡前班	二〇〇	後班	一七五	
超等驗估	四〇〇至六〇〇			
驗估前班	三五〇	後班	三〇〇	署驗估按原薪加二十五兩
頭等驗貨前班	二七五	後班	二五〇	
二等驗貨前班	二二五	後班	二二〇	
三等驗貨前班	一七五	後班	一五五	

鈐子手　超等　一五五　頭等　一三五　二等　一一五　三等　一〇〇

四等　九〇　試用　七五

鈐子手署總巡按原薪加二十兩

鈐子手署驗貨按原薪加十兩

外班華員薪章民國十一年訂定

鈐子手等級	薪水	任期
超等前班	一五〇	未定
超等後班	一三〇	三年
頭等前班	一一五	三年
頭等後班	一〇〇	三年
二等前班	八五	二年
二等後班	七五	二年
三等前班	六五	二年
三等後班	五五	二年
四等前班	四五	二年
四等後班	四〇	一年半
試用	三五	半年

洋員鐙塔值事人薪章

超等上班　二〇〇至二五〇　下班　一八〇

頭等上班　一六〇　下班　一四五

二等上班　一三〇　下班　一一五

三等上班　一〇〇　下班　九〇

華員文案等薪章

文案　等級甚多　四〇至六五每級差五兩

七五至一三〇每級差十兩

總稅署領班得加至二五〇爲限

司書　等級亦多　二五至六〇每級五兩

錄事　等級亦多　二五至七〇每級五兩

另有最高級薪八十兩

華員秤手等薪章

秤手巡役排字匠印書匠訂書匠等	九兩至三十五兩
水手	八兩至二十兩
信差聽差	七兩至十八兩
苦力轎夫門役更夫	七兩至十五兩

華員理船廳供事

頭等	一〇〇滿三年	一一五滿六年	一三〇滿九年	一五〇
二等	六〇滿三年	七〇滿六年	八〇滿九年	九五
三等	三五滿三年	四〇滿六年	四五滿九年	五〇
試用	六個月	三〇		

第七節　關員之任免與調遷

海關職員之任免與調遷。悉由總稅務司一人主持。茲述其華洋人員不同之點於後。

洋員在海關服務本爲帮辦性質。處於客卿地位。今盡佔高級。各職華員僅任中下階級助員以聽外員指揮。無升任正。副稅務司及其他主任職。自有總稅務司六十七年來。華員中僅張玉堂一人．被任西藏亞東代理稅務司．且非參與徵稅事務．並爲極短期間。此外上海造冊處有華襄辦祕書一缺。但幾永爲署缺。僅丁艌仙一人．服務年滿．休致以前．享有兩月之實缺頭銜而已。華員在內班者。最大希望爲升任超等帮辦。亦祇寥寥數人。均在垂暮之年。在外班者。升至鈐子手爲最高階級。是則更不如內班矣。

外人內班。除正副稅務司外。即帮辦職務在關員中亦居主要部份。但曾受高等專門學識者不多。得有大學學位者尤少。日員大都受高等學問．而英文知識又不見佳。總稅務司用人方針。重在服務後之實地練習。故祇須年富力强．品行端正．受過高等普通教育者．即爲合格。其試驗甚簡單。外班則以健康及品性爲主．不重學術試驗。內外班均有年齡與結婚之限制。內班從十九歲至二十三歲。外班年滿三十。均應爲未婚者。或由駐外辦事處招取。或在上海九龍廣東大連安東青島等處錄用。並不一定。亦有自具履歷投効者。收錄與否更無定數。李譯關稅制度論中言。

一八九八年。副總稅務司答覆某國公使私函。說明採用帮辦方法如下。(一)帮辦由總稅務司從一切有條約國人民選擇任命之。(二)帮辦由總稅務司之友人中選任。或者本人之履歷品性得有切實之保薦時亦得採用之。候補人須直接向總稅務司提出請求書。並附上推薦書履歷書及本人相片。(三)候補人之年齡從十九歲起至二十三歲止。(四)候補人應爲未婚者。(五)候補人須先試驗其英算地理及近代語之程度。然後採用。其標準須與歐洲各國高等文官之有相等社會地位及有高等教育程度者。(六)候補人之數超過所採錄之名額時。須行甄別考試。(七)檢查體格時。遇有肺病者。心臟病者。遺傳病者。口吃者。跛者。以及太過於近視者。均不採用。(八)在外國採取之人員。支給一定之旅費。(九)人品能力及華語等項。若有不及格者。即經採用。總稅務司亦得免其職。

內班洋員。入關試用六個月後。合格即升任四等帮辦。以後升級雖無定章。但亦甚速。大約二年一次。升至超等帮辦。即有正副稅務司希望。即未至超等亦有署正副稅務司資格。外班洋員。鈐子手以下。免職及處罰得由稅務司處理後。報告總署。所有採用洋員。通例自下級起。不能進關即充高級職務。必須經過階級之升遷。其任期無限制。非因重大原由。不得無故停職。

內班華員。在未有稅務學校以前。均由各地考取。試驗英文漢文及算術三項。入關先充供事。每年由供事中擢升優秀者十人左右爲帮辦。其獲選者大都資格極老服務十年以上者。華員帮辦供事升級亦無定章。大致三年或三年以上升級一次。偶記小過。即不獲升級。洋員內班入關試用六月。即有二百兩薪俸。華員如係稅務學校出身。亦須十二三年始得此數。設非學校出身。則最速十七八年。普通須在二十年以上耳。稅務學校設於光緒三十四年。自民國二年起。每年畢業生約三十人。派赴各口見習。月薪五十兩。見習期一年。每三個月由稅務司考試一次。呈報總署。期滿後分別保升帮辦供事。但核定之權操諸總署。大約升帮辦者六七人。月薪一百兩。餘派三等中班或後班供事。月薪七十兩與五十五兩。

帮辦供事兩級。概由總署調遣升降。從前各地稅務司得舉行供事攷試。錄取者名爲試用供事。事後呈報總署。試用期滿。合格者經稅務司保薦供事由總署覆文加以任命。現章。稅務司祇能保參不能黜陟。自稅校學生由海關錄用後。前項攷試非得總署允許。不准舉行。故供事一職均由稅校畢業生充任。近年增設就地供事。職務較簡。程度亦較低。無調口事。優者得拔充內班供事。又文案司書或由總署錄用派赴各地或由當地稅務司就近錄取。至錄事各關皆有定額。例由監督推薦。一經海關任用。監督除調往監督署辦事外。無權黜陟。

外班華員。以鈐子手爲最高級。民國八年以前。此項華員爲數尚少。僅三四關有之。是年起逐漸擴充。歷年所招。程度亦不弱。新進者俱調赴滬關附設之專校訓練。至驗估一職。華員尚付闕如。惟華鈐子手亦如洋鈐子手然。每遇驗估人員不敷。即兼代其職務。再各關有華秤手一職。司權量之事。因久於其職。又無調口事。故於調查貨價及鑒別貨質經驗甚富。洋員倚賴甚深。若稍加訓練。亦有驗估資格。

海關內外班華洋職員。除末秩如就地供事錄事秤手工役外。皆須隨時調往他口。外班更調較少。文案司書尤不經見。總稅務司命令綦嚴。不可違背。偶不遵行。重則去職。輕則罰俸。遷調無定而川資不優。限期尤促。華員有以親老告近。或以他故呈請免調。或另調他處者。批准極少。即一時准許。不久仍復他調。並暗中受不予升級之處分。惟洋員若以水土不服。或以妻室關係呈請他調。每邀准許。絕無處分。

每年四十兩月爲遷調最多時期。平時非有事故不輕更動。

第八節　關員之其他待遇

酬勞金　凡海關題名錄洋員及華帮辦服務滿七年。得支全薪一年爲酬勞金。其他華員如供事文案司書錄事鈐子手等滿十年。支一年酬勞金。

房租津貼　華員向例均有房租津貼。光緒三十四年（一九〇八年）及宣統三年（一九一一年）先後將華員各級津貼取消。屢次請求恢復。迄未照准。洋員待遇獨優。或厚給房租津貼。或由公家置產供其居住。凡電燈自來水木器家具並僕役供應等費悉由公家支給。華員無寄宿舍又無津貼。每奉調口。損失甚鉅。又華洋人員多令煤斤津貼。亦有區別。

調口盤川　洋員奉調時公家給以頭等車票或船票。本人外如有眷屬。以一妻三兒爲限。亦給頭等票。僕役限一男一女給三等票。內班如有洋籍傭人。亦有舟車票。又有所謂按哩路程津貼者。以路程長短計算。洋員於舟車票外。加給如下。

內班。　鐵道每哩二角八分。海程二角。江河一角六分。

外班。　鐵道二角。海程一角四分。江河一角二分。（無眷屬同行者領五成）

華員調口。即本身亦無舟車票。向章鐵道三角二分。海程三角。江河二角。自民國十年起。改爲鐵道二角四分。海程二角二分半。江河一角五分。（洋員未減）所有舟車票及寄宿費概須自給。

此外尚有調口津貼。於到達地支給。章程如左。

洋員內班

稅務司一百七十五元　副稅務司一百五十元　超等帮辦一百二十五元　頭等一百元　二等七十五元　三等五十元　四等二十五元

華帮辦

超等一百元　頭等八十元　二等七十五元　三等五十元　四等四十元（華員無舟車票故調口費尚豐）

華班供事

超等七十五元　頭等五十元　二等四十元　三等三十元　試用十五元

洋員外班

超等總巡驗估一百二十五元　頭等總巡驗估一百元　二等總巡頭等驗貨七十五元　三等總巡二等驗貨六十元　四等總巡三等驗貨超等鈐子手四十元　頭等鈐子手三十元　二等鈐子手二十元　三等及試用鈐子手十元

又華員文案司書鈐子手等。以其薪額比較供事計算。

洋員抵任所。即有公家房屋居住。偶因不敷。或裝設未備而暫住旅舘。其費亦由公家支給。華員除調口津貼外。一切費用均須自備。

例假　洋員內班。進關服務六年後。得請假一年。支全薪。或二年。支半薪。此後每五年一次。外班第一次例假。在入關九年以後。此後每七年一次。華員不論等級。滿四年。始有二個月假。支全薪四個月半薪。不問任所與原籍相距之遠近。一律待遇。又洋員例假。本人與其眷屬以及僕役由任所至上海或香港等處附船。均有舟車票。並領回國往返程費。華員則無程費。此定章施行逾五十年。從未改良。

病假　洋員或其家屬有疾病時。所用醫藥費由公家津貼若干。本人病假得支五月全薪。以後支半薪若干月。再自行告退。華員無醫藥費。表面上得請求公家特約之醫員診治。而章程上有華員非實在病重時。不得延請至家之規定。此項醫員似專爲發給華員診斷狀而設。華員病假得支一月全薪。五月半薪。過此期限。即須自行告退。

罰金與賞金　華員犯小過有罰金規則。較重者降級。或停止升遷。最重者開除。外班華洋鈐子手等有緝私賞金。如私鹽鴉片等物。一經查出。照章應得賞金。

免職　華員如犯重大事故即行除名。有時因牽涉民事或刑事。由關監督送交地方官懲辦。如係洋員則有領事裁判權關係。不問案情輕重。大都免職了事。但遇侵吞公欵重大訴訟。領事署辦理。

强制休致與養老金　凡洋員年滿六十歲。或內班在職四十年。外班三十五年。華員服務四十年。又華洋人員身弱多病經醫員診斷不勝職務者。均應强制休致。得享養老年金。但總稅務司認爲得力人員時。得令其照常供職。其洋員在職未滿爲以上年限者。每少一年。應扣四十或三十五分之一。照此類推。其因病强制休致者。應按在職年月比例扣算。其因病自行告退者。不給。洋員按照休致年份全年薪額。按三仙令四辦士合關平銀一兩折合金欵。以其數四分之一爲年金。華員受一次銀欵養老金。其數以足敷購買休致年份全年薪額四分之一之銀款年金爲標準。華洋人員俸額均按實缺作算。以月薪一千兩爲限。月薪在一千兩外者亦作一千兩算。至年金計算法。按歐戰前英國政府所訂年金計算率由海關編成一表。並由休致員陳請托某國某機關或某公司代購。其基金由海關照撥。

强制儲金　華洋各員新入關者。由月新內提百分之六。以月薪一千兩計算。月薪在一千兩外者亦作一千兩算。由海關代儲生息。每半年結利息一次。舊有人員願否聽其自便。將來發還辦法。分爲四種。(一)强制休致時。(二)自行告退時。(三)本人病故時。(四)免職出關時。第一二三項均本利全數發還。第三項本人病故交由遺族承領。第四項如係普通免職亦將本利全給。若有虧空公欵或損害稅課等情。應行抵扣由總稅務司隨時核定。

附註　養老金與强制儲金辦法均於民國九年一月一日實行。

第九節　海關經費

海關經費實數。外間無從確知。一般人推測。似以海關收入之一成爲標準。民國五年度豫算表。列各關經費爲一千二百餘萬元。實包含稅務處及常關全部經費在內。
民國九年起。海關經費定爲關平六百萬兩。其中三十萬兩由單照等雜費收入項下撥用。五百七十萬兩由稅欵收入項下提用。作爲徵稅課與工程局經費。至海政局經費由船鈔收入項下撥充。從前船鈔收入提三成解稅務處與外交部。今全數歸海關另由稅欵內月提一定數目撥交稅務處與外交部應用。
自辛亥以來添設之機關。如管理稅項賬目房等。及民國九年改定經費數目後增設之正分各關。如愛渾浦口等處所需經常費。或由稅欵另提或由稅欵內按期撥抵。均作正項報銷。故海關經費實際上不止關平銀六百萬兩。
至常關經費大致各常關稅收之一成。按月照數提用。但內中亦有因特殊原因超過一成之數者。如福州及沙市等處是已。

第十節　關稅之存放與用途

海關在淸季並無管理稅收之權。商人繳納稅項於關道指定之銀錢票號。由海關收入道庫。如有應付欵項再行撥出。其時每年對外債賠各欵總數四千二百餘萬兩從未愆期。均能照約履行。各銀錢票號知顧信用。亦無虧短情事。至辛亥政體變更。各國以中央及地方財政一時紊亂。藉外債擔保爲口實。將全部關稅收入歸總稅務司管理。至是而我國海關財政權完全操於外人之手矣。(詳海關沿革編中)

茲先述關稅存放辦法。再言其用途之分配。海關收入每年約合銀圓九千餘萬元。其徵稅通貨仍沿舊制以關平銀兩爲本位。所收稅項全數撥交滙豐銀行。由總稅務司提出各項經費及特准撥用各項後。將餘欵撥入總稅務司名下存款賬。每月按四期。即每月第九日第十六日第二十三日及月杪日。分作三份。以三份之二平均分存滙豐道勝兩銀行借款項下。餘三分之一存入滙豐銀行總稅務司海關收入保留項下。又五十里內各常關之收入。自辛丑年起亦劃歸總稅務司管理。先存入滙豐銀行總稅務司常關存欵項下。再行分配。

上述海關收入之三分之二。平均分存滙豐道勝兩行者。應付下列五欵。(一)一八九八年四釐半金借欵。(二) 一八九六年五釐金借欵。(三) 一八九五年四釐金借欵。(四) 一九一三年善後借欵。(五) 彌補庚子賠款。按月撥入庚子賠欵項下。(六) 以總稅務司命令撥付之關餘。

上述海關收入三分之一。存入滙豐銀行海關收入保留項下者。向來存於德華銀行。歐戰以後改存滙豐銀行。現在以總稅務司命令移作彌補借款等項用途。

上述常關收入存入滙豐銀行常關存欵賬。每月亦照海關收入辦法。分四期調撥。撥入庚子賠款賬。連同由海關借欵項撥來之款。分存滙豐滙理道勝正金花旗荷蘭華比七銀行。以應付各國庚子賠欵。但此項賠欵有仍舊照付者。有停付者。有退還而指定用途者。故其分配辦法已有變更。

常關收入之向存德華銀行亦作賠款用途者。後改存滙豐銀行總稅務司常關收入保留賬內。現移作別用。

以上為關稅存放及其支配用途之大概情形。但近年稍有出入。自政府發行三四年公債十一年公債教育庫劵四二庫劵使領庫劵十四年公債等又規定內債整理案以後。停付賠欵項及海關常關收入保留項大都移作前述債劵基金。至借欵項之支配並無變更也。

中國海關制度沿革

附編　海關與外債關係

外人之握我海關行政權與財政權。每藉口於債權關係。姑不問其理由是否充足。但不能不一研究以關稅擔保之外債問題。茲據民國十二年安總稅務司上財政部說帖。就中所列外債分別如左。

甲　直接用關稅爲擔保之借欵等

(一)一八九五年四釐息金欵

(二)一八九六年五釐息金款

(三)一八九八年四釐五息金欵

(四)庚子賠欵

(五)一九一三年善後借欵

(一)一八九五年四釐息金欵　即俄法金借欵。總額法幣四萬萬佛郞。甲午之役。我國支出軍費爲數甚鉅。復賠償日本二萬萬兩。贖遼費三千萬兩。遂不得不仰給於外債。各國協以謀我。咸思染指。英與德合。俄與法合。俄國駐華公使與清廷協議。由俄法兩國承辦借欵總額法幣四萬萬佛郎。中國駐俄公使於光緒二十一年閏五月十四日（一八九五年七月六日）在森彼得堡簽訂合同。該借款按九四又八分之一扣實交。周年四釐行息。償還期限分三十六年。至一九三一年清償。合同內關係擔保條件者。

第九條　此項借欵以中國海關收入稅項及存票作爲押保如遇有付欵阻隔滯緩之處不拘何故俄國國家與中國國家商明允許立合同之銀號各商董一面如期蟬聯周備發給到期應銷票本及票息之欵現由銀號商董將中國所給森彼得堡各國商務銀號之借欵總據立爲各處分售之股票其票均以中國借欵標稱

又聲明文件第二條云。

中國允將海關稅項除還前以海關押保之欵本息外應還此次借欵虛數四萬萬佛郎分年本息但預備此項應與預備別項格外看重並聲明此項未經清還以前無論

所借何欵在此欵後者於每年分還此欵本息之前不能取用海關稅項兌付上項借欵。歷年按期照付。截至民國十四年終。結欠法幣一萬一千零八十九萬六千零五十九佛郎。

(二)一八九六年五釐息金欵　即英德正借欵。總額英金一千六百萬鎊。中國於交付日本第一批賠款之募集外債。俄法捷足先得。至是正籌付第二批賠欵時。英德急起運動。由滙豐德華兩銀行承辦。自一八九五年九月起開始磋商條件。雙方尚未協妥。法國又欲承辦。但要求以法人代赫德為總稅務司。俄復助法交涉。英公使與赫德商諸銀行方面畧為讓步。以促其成。乃於光緒二十二年二月初十日(一八九六年三月二十三日)在北京簽訂合同。承借英金一千六百萬鎊。按九四扣實交。周年五釐行息。償還期限分三十六年。至一九三二年清償。合同內並保證海關制度不事變更。其關係擔保條件者。

第七欵　此一千六百萬鎊之借款余應以中國通商各關之稅銀為抵償還。除以前抵稅所借未還之款仍應先爲償還外嗣後若再有抵稅數目總以此次借款本銀利息儘先償還此款或全未還或未還淸以先倘有用稅借抵他款用付本利一切事宜不得訂明在此次借款之前亦不得訂明與此次借款平行辦理並總不得令此借款以關稅逐年抵還之質保有所窒礙減色將來若再訂立抵稅借欵務於合同內載明所有付還本利等事俱在此次借欵之後辦理等語如有中國海關稅銀付還此款本利不敷中國國家應另外設法付還至此次借款未付還時中國總理海關事務應照現今之辦法辦理

第八款　此借款應由總理各國事務衙門會同戶部按所借金鎊本利之全數發給關票均須蓋有總理衙門暨戶部印信並由總稅務司簽字以該票聯環作保此項關票每張應載明第七款所列儘先償還字樣於代中國所借款項交付以先應將此項關票交與德國欽差公署及英國滙豐分行均分各半收執爲據

第九款　通商各關應另備金鎊關票合借款本利全數此項關票由江海關監督並

兩江總督蓋印由上海稅務司簽字此項關票應至本年三月初三日即西歷四月十五日交付德華銀行及滙豐銀行之上海分行等各半收存以便聯環作保如中國或本銀或利息一次不按照所訂之期付與滙豐及德華之上海分行等此項關票應可一律抵完中國所有通商各口稅餉此節應請旨諭飭各該口官員遵照辦理

上項借欵。歷年按期照付。截至民國十四年終。結欠英金五百五十九萬五千一百五十鎊。

（三）一八九八年四釐五息金欵　即英德續借欵。總額英金一千六百萬鎊。光緒二十四年春爲交付日本賠欵第四批之期。清政府以馬關和約第四欵。對於賠欵付息之規定。自條約批准互換日起。三年之內。能全數清還。除將已付利息。或兩年半。或不及兩年半。於應付本銀扣還外。餘仍全數免息。又因第八欵之規定。末次賠欵交清日本駐守威海衛之軍隊即行撤退。由是欲將賠款提先清還。初議再借外債。以條件苛刻停止談判。繼採黃思永言。決議募集內債庫平銀一萬萬兩。定名昭信股票。年息五釐。以田賦及鹽稅擔保。卒無成效。商展交欵期限。日本未允。最後仍由滙豐德華兩銀行承借英金一千六百萬鎊。於光緒二十四年二月初九日（一八九八年三月一日）在北京簽訂合同。該借款按八三扣實交。周年四釐半行息。償還期限四十五年。至一九四三年淸償。合同內又保證海關制度不事變更。其關係擔保條件者。

第六款　此一千六百萬鎊之借欵除以前抵稅所借未還之款仍應先爲償還外全應以中國通商各關之洋稅並後開之各項釐金儘先爲抵償還一蘇州貨釐約八十萬兩一松滬貨釐約一百二十萬兩一九江貨釐約二十萬兩一浙東貨釐約一百萬兩一宜昌鹽釐并加價萬戶沱約一百萬兩一鄂岸鹽釐約五十萬兩一皖岸鹽釐約三十萬兩以上各處釐金現計共銀五百萬兩應即行委派總稅務司代徵照廣東六廠辦法嗣後若再有抵洋稅釐金款目總以此次借款本銀利息儘先償還此款或全未還或還未淸以前倘有用洋稅釐金借抵他款用付本利一切事宜不得訂明在此次借款之前亦不得訂明與此次借款平行辦理並總不得令此借款以洋稅釐金逐

年抵還之質保有所窒礙減色將來若再訂立抵洋稅釐金之借款務於合同內載明所有付還本利等事俱在此次借款之後辦理等語至此次借款未付還時中國總理海關事務應照現今辦理之法辦理（下畧）

第七欵　此借款應由總理各國事務衙門會同戶部按所借金鎊本利之全數發給周年關票均須蓋有總理衙門暨戶部印信並由總稅務司簽字以該票聯環作保此項關票每張應載明第六款所列儘先償還字樣於代中國所借款項交付以先應將此項關票交與滙豐德華銀行均分各半收執爲憑

第八款　此外應另備金鎊按月關票合借款本利全數此項關票由江海關監督並两江總督蓋印由上海稅務司簽字（下畧）

上項借款。歷年按期照付。截至民國十四年終。結欠英金一千零十五萬六千四百二十五鎊。

（四）庚子賠款　光緒二十六年。（一九〇〇年）北方有團匪之變。翌年議和。各國要求賠償。先索四萬六千餘萬兩。後經磋商。定爲關平四萬五千萬兩。分配如後。

俄	一三〇、三七一、一二〇兩
德	九〇、〇七〇、五一五兩
法	七〇、八七八、二四〇兩
英 葡萄牙附	五〇、七一二、七九五兩
日本	三四、七九三、一〇〇兩
美	三二、九三九、〇五五兩
意	二六、六一七、〇〇五兩
比利時	八、四八四、三四五兩
奧	四、〇〇三、九二〇兩
荷蘭	七八二、一〇〇兩
西班牙	一三五、三一五兩

瑞典那威等	二一二、四九〇兩
	總數四五〇、〇〇〇、〇〇〇兩

賠欵總數四萬五千萬兩。償還期限分三十九年。周年四釐行息。自一九〇二年起至一九四〇年止。合計本利九萬八千二百二十三萬八千一百五十兩。按年應付數目分列如下。

第一年（一九〇二年）	一八、八二九、五〇〇兩
第二年至第十年（一九〇三年至一九一一年）	一九、八九九、三〇〇兩
第十一年至第十四年（一九一二年至一九一五年）	二三、二八三、三〇〇兩
第十五年至第三十年（一九一六年至一九三一年）	二四、四八三、八〇〇兩
第三十一年至第三十九年（一九三二年至一九四〇年）	三五、三五〇、一五〇兩
共計本利	九八二、二三八、一五〇兩

依照辛丑和約第六欵附件之規定。賠欵數目關平銀兩折合金款如下。

此四百五十兆係照海關銀兩市價易爲金欵此市價按諸各國金錢之價易金如左海關銀一兩即德國三馬克零五五即奥國三克勒尼五九五即美國圓零七四二即法國三佛郎克七五即英國三先令即日本一圓四零七即荷蘭國一佛樂林七九六即俄國一魯布四一二俄國魯布按金平算即十七多理亞四二四此四百五十兆按年息四釐正本由中國分三十九年按後附之表各章淸還附件十二本息用金付給或按應還日期之市價易金付給還本於一千九百零二年正月初一日起一千九百四十年終止(下畧)附件

厥後償還之時。以銀易金。適値銀價跌落。各國又索鎊虧賠償。至光緒三十年九月。幾經磋商。賠補三年來鎊虧。計一千萬零四十萬兩。最後淸政府允許照付。但要求三事。

(一)每年鎊虧之數不再算利.

(二)交銀行收存之欵按月扣還利息.

(三)以前鎊價按月折衷定一價格.

就此三項當日約省二百萬兩。嗣後每年鎊虧在三百萬兩左右。是於庚子賠款四百五十兆兩外。復加一倍有餘利息。又益以多寡無定之鎊虧。層層敲剝。因此羅雀掘鼠。日即貧弱。辛丑和約於光緒二十七年七月二十五日(一九〇一年九月七日)在北京訂立。簽約者凡十一國。爲德·奧·比·西班牙·美·法·英·意·日本·荷蘭·俄。該約共十二欵。其第六欵關係擔保賠款條件。內云。

(上畧)所定承擔保票之財源開列於後一新關各進款俟前已作爲擔保之借款各本利付給之後餘剩者又進口貨稅增至切實值百抽五將所增之數加之所有向例進口免稅各貨除外國運來之米及各雜色粮麵並金銀以及金銀各錢外均應列入切實值百抽五貨內二所有常關各進款在各通商口岸之常關均歸新關三所有鹽政各進項除歸還前泰西借款一宗外餘剩一併歸入至進口貨稅增至切實值百抽五諸國現允可行惟須二端一將現在照估價抽收進口各稅凡能改者皆當急速改爲按件抽稅幾何定辦改稅一層如後爲估算貨價之基應以一千八百九十七八九

三年卸貨時各貨牽算價值乃開除進口稅及雜費總數之市價其未改以前各該稅仍照估價徵收（下畧）

上項賠欵逐年按期照付。及至歐戰發生。我國加入參戰。德奧名下庚子賠欵即行停付。同時協約各國展緩五年交付。俄國稍為不同。僅一部份展緩。其照舊收受者寥寥數國而已。

庚子賠欵。俄德法英美日奧七國。約佔全額十分之九。現在或根本取銷。或餘額全數或一部份退回。以作發展教育及文化等事業。或指定其他用途。茲分別言之。

（一）德奧兩國　歐戰告終。根據聖傑門及凡薩衣兩條約根本取銷。

（二）美國　一九〇八年十二月二十八日。美國退回庚子賠欵一部份。計美金一千一百九十六萬一千一百二十一元七角六分。撥充清華學校經費及該校留美學費。一九二四年五月八日又將餘額退回。計美金六百十三萬七千五百五十二元九角。指作發展中國教育及文化用途。由華人十名美人五名組織之委員會管理之。

(三)英國　一九二二年十二月間。英國政府通知我國。決議將庚子賠欵餘額退回。以作有益兩國間事業之用途。一九二五年三月三日英國下議院通過政府提案。將英國名下庚子賠欵自一九二二年十二月一日起之餘額全數退回。以作發展教育及其他事業用途。並決議組織一顧問委員會。委員中至少婦女一人。及華人二名。

(四)日本　日本政府於一九二三年四月得立法機關之同意。決定每年在應得庚子賠欵項下提出日金二百五十萬元。以作發展中國文化事業用途。由日本外務省設一管理局。專司其事。

(五)俄國　俄國名下庚子賠欵。自該國大革命後。早經停付。移作公債基金用途。一九二四年三月三十一日中俄締約。議定將賠欵餘額退回。以作發展中國教育用途。由華人二名俄人一名組織之委員會管理之。

(六)法國　經一九二二年七月九日及二十七日又一九二三年二月十日中法兩國間之協議。法國名下庚子賠欵餘額移作中法實業銀行復業。及發展中法兩國間教育事業用途。

(五)一九一三年善後借欵　卽民國二年五國銀團五釐息金借欵。當民國初元。部庫如洗。政府提議舉借外債。先後得瑞記洋行及華比銀行小借欵。稍資挹注。同時度支部首領周自齊與四國銀團商議。就前訂之幣制實業借欵合同改訂大借欵。議定草案四條。

(一)中國政府對於借欵發行財政債券以鹽稅爲擔保

(二)四國銀行有支給中國政府三四五六七八各月應需政費之優先權

(三)力保中國政府之信用惟中國政府須與四國銀行團以政治大借欵之優先權

(四)借欵年息五釐折扣九五

原議三月下旬先交墊欵三百十萬兩。適比國借欵成立。銀團提出抗議。談判中止。未幾日俄加入銀團。遂成六國銀團。熊希齡長財政。重復磋商。五月十五日銀團提出追加條件如左。

(一)銀行團及中國財政部各派委員一名審核借欵內支出之用途

(二)財政部報告一切之支出

(三)費用欵目用最新式簿記法報告

(四)南方各省之解散軍隊由中央政府派高級軍官前往酌量解散所用經費編製表册都督財政部及委員會各存一份

(五)解散軍費先由各稅務司由關稅欵內移用銀行團再行撥還

(六)北京及各省解散軍費數目表陸軍部財政部及委員會各存一份

銀團自五月至八月先後交付墊欵一千二百萬兩。八月後停止墊欵。九月間克利斯浦一千萬鎊借欵告成。同時財政總長周學熙又與銀團會商。決定借欵大綱五條。

(一)中國自行整理鹽務惟製造鹽廠及經收鹽稅之處中國可酌量自聘洋人帮同

華人辦理所收鹽稅可交存於最妥實之銀行以備抵還借欵之本息
(二)借欵用途應以經參議院議決之欵目爲準其支票面之簽字應由財政總長自
委一中國人與六國銀行團代表一人會同簽字
(三)稽核賬目之事歸入中國審計院辦理中國對於借欵一部份之用賬可兼備華
英文冊據派華洋員同辦
(四)中國以後興辦實業如需借欵祗可商聘洋技師按照普通合同辦理
(五)此項債欵債票未售完之前倘中國續借欵項如六國銀團條欵與別家相同可
先儘六國銀團承辦但在本合同以前所訂之借欵合同條件仍得繼續進行不受本
條件之拘束

政府本此條欵與銀團磋商。波瀾萬端。屢議屢輟。迨十二月間始將合同擬定。美國方面忽脫離銀團。遂改爲英德法俄日五國銀團。條件稍有修改後。於民國二年四月二十六日(一九一三年)正式訂立合同。承借英金二千五百萬鎊。名爲五國善後借欵。周年五釐行息。債票發行價格九十。實交八四。期限四十七年。前十年付息。後三十七年本利並付。自借欵之日起。十七年後。無論何時。中國得提前償還。但須六個月前預先通知。該借欵合同共二十二欵。其關係擔保條件者。

第四欵　此項借欵總額及關係此項借欵墊欵之本利除鹽務收入按照本合同附單所開業已指定爲從前借欵債務之擔保未經清還者外即以中國鹽務收入之全數作爲擔保（下畧）

倘若將來海關每年所收欵項除已經指定作爲擔保從前債務或以後因修改海關稅則而裁去釐金凡現在合同指定他項債務歸該關稅擔保者除應付各欵項外若仍有餘欵即默認並商訂該餘欵應儘先作爲本借欵之擔保用以償還本利因此而鹽務收入所有盈餘之欵應如數撥歸中國政府用以辦理他項事宜

第五欵　（上畧）此項借欵如本利按期交付則不得干預以上所述鹽政事宜倘利及或本屆期拖欠逾展緩近情之日期後則應將該鹽政事宜即歸入海關並由海關管

理所擔保之收入以保執票人之利益

按照合同。該借欵以鹽稅爲第一擔保。關稅爲第二擔保。並用外人稽核鹽務。及監督借欵用途。迨民國七年。以關稅餘欵足敷歸還是項借款本息。改由關稅項下撥付。於是關稅居於第一擔保而鹽稅反退於第二。但外人參與鹽政事務一仍其舊。該借欵收入項下。銀團扣還民國元二兩年到期庚子賠欵。六國銀團墊欵。幣制實業借欵墊欵。比國借欵。暨中央所欠五國銀行短期借欵。約六百萬鎊。又賠償外人因革命所受損失二百萬鎊。又歸還各省積欠五國銀行舊債二百八十餘萬鎊。又借欵折扣二百五十萬鎊。經理費一百五十萬鎊。此外滙兌耗損亦鉅。實在收入不及半數。再就他日償還言之。本金二千五百萬鎊。外加利息四千二百八十五萬另八百十鎊。尙有滙兌耗損與還本付息經手費。是皆此項借欵之損失也。

上項借欵。歷年按期照付。截至民國十四年終。結欠英金二千四百四十九萬五千七百十鎊十仙令八本士。

綜觀上述各項外債。其始不概由關稅擔保。如善後借欵。原指鹽稅。後改關稅。由是外債與海關之關係日益增進。至於庚子賠欵。各國間或停或退。蓋巳變更辦法矣。

俄法四釐息佛郎借欵付息還本表

年份	日期	付息	還本
民國十五年	一月一日	Fr. 2,217,921.18	… …
	七月一日	2,217,921.18	Fr. 16,718,910
十六年	一月一日	1,883,542.98	… …
	七月一日	1,883,542.98	17,387,667
十七年	一月一日	1,535,789.64	… …
	七月一日	1,535,789.64	18,083,174
十八年	一月一日	1,174,126.16	… …
	七月一日	1,174,126.16	18,806,501
十九年	一月一日	797,996.14	… …
	七月一日	797,996.14	19,558,761
二十年	一月一日	406,820.92	… …
	七月一日	406,820.92	20,341,046
清償			

英德五釐息金借欵付息還本表

年份	日期	付息	還本
民國十五年	四月一日	139,878-15-0	687,200
	十月一日	122,698 15 0	… …
十六年	四月一日	122,698 15 0	721,550
	十月一日	104,660 0 0	… …
十七年	四月一日	104,660 0 0	757,650
	十月一日	85,718 15 0	… …
十八年	四月一日	85,718 15 0	795,500
	十月一日	65,831 5 0	… …
十九年	四月一日	65,831 5 0	835,300
	十月一日	44,948 15 0	… …
二十年	四月一日	44,948 15 0	877,050
	十月一日	23,022 10 0	… …
二十一年	四月一日	23,022 10 0	920,900
清償			

續借英德四釐五息金借欵付息還本表

年份	日期	付息	還本
民國十五年	三月一日	£ 228,519-11-3	£ 378,200
	九月一日	220,010 1 3	... ...
十六年	三月一日	220,010 1 3	395,225
	九月一日	211,117 10 0	... ...
十七年	三月一日	211,117 10 0	412,975
	九月一日	201,825 11 3	... ...
十八年	三月一日	201,825 11 3	431,600
	九月一日	192,114 11 3	... ...
十九年	三月一日	192,114 11 3	451,000
	九月一日	181,967 1 3	... ...
二十年	三月一日	181,967 1 3	471,300
	九月一日	171,362 16 3	... ...
二十一年	三月一日	171,362 16 3	492,500
	九月一日	160,281 11 3	... ...
二十二年	三月一日	160,281 11 3	514,675
	九月一日	148,701 7 6	... ...
二十三年	三月一日	148,701 7 6	537,825
	九月一日	136,600 6 3	... ...
二十四年	三月一日	136,600 6 3	562,025
	九月一日	123,954 15 0	... ...
二十五年	三月一日	123,954 15 0	587,325
	九月一日	110,739 18 9	... ...
二十六年	三月一日	110,739 18 9	613,750
	九月一日	96,930 11 3	... ...
二十七年	三月一日	96,930 11 3	641,375
	九月一日	82,499 12 6	... ...
二十八年	三月一日	82,499 12 6	670,225
	九月一日	67,419 11 3	... ...
二十九年	三月一日	67,419 11 3	700,400
	九月一日	51,660 11 3	... ...
三十年	三月一日	51,660 11 3	731,900
	九月一日	35,192 16 3	... ...
三十一年	三月一日	35,192 16 3	764,850
	九月一日	17,983 13 9	... ...
三十二年	三月一日	17,983 13 9	799,275
清償			

善後借款付息還本表

年份	日期	付息	還本
民國十五年	一月一日	£ 612,392-15—3	... ...
	七月一日	612,392 15 3	271,209—5—8
十六年	一月一日	605,612 10 8	... ...
	七月一日	605,612 10 8	284,769 16 0
十七年	一月一日	598,493 5 9	... ...
	七月一日	598,493 5 9	299,008 5 10
十八年	一月一日	591,018 1 7	... ...
	七月一日	591,018 1 7	313,958 14 1
十九年	一月一日	583,169 2 3	... ...
	七月一日	583,169 2 3	329,656 12 10
二十年	一月一日	574,927 13 11	... ...
	七月一日	574,927 13 11	346,139 9 5
二十一年	一月一日	566,274 4 2	... ...
	七月一日	566,274 4 2	363,446 8 11
二十二年	一月一日	557,188 0 11	... ...
	七月一日	557,188 0 11	381,618 15 4
二十三年	一月一日	547,647 11 7	... ...
	七月一日	547,647 11 7	400,699 14 2
二十四年	一月一日	537,630 1 8	... ...
	七月一日	537,630 1 8	420,734 13 9
二十五年	一月一日	527,111 14 5	... ...
	七月一日	527,111 14 5	441,771 8 6
二十六年	一月一日	516,067 8 8	... ...
	七月一日	516,067 8 8	463,859 19 11
二十七年	一月一日	504,470 18 9	... ...
	七月一日	504,470 18 9	487,052 19 10
二十八年	一月一日	492,294 12 2	... ...
	七月一日	492,294 12 2	511,405 12 9
二十九年	一月一日	479,509 9 4	... ...
	七月一日	479,509 9 4	536,975 18 7
三十年	一月一日	466,085 1 5	... ...
	七月一日	466,085 1 5	563,824 14 6
三十一年	一月一日	451,989 9 0	... ...
	七月一日	451,989 9 0	592,015 19 3
三十二年	一月一日	437,189 1 0	... ...
	七月一日	437,189 1 0	621,616 14 7

接下頁

年份	日期	付息	還本
承上頁			
民國三十三年	一月一日	£ 421,648-12—8	... ...
	七月一日	421,648 12 8	652,697 11 11
三十四年	一月一日	405,331 3 11	... ...
	七月一日	405,331 3 11	685,332 9 6
三十五年	一月一日	388,197 17 8	... ...
	七月一日	388,197 17 8	719,599 2 0
三十六年	一月一日	370,207 18 1	... ...
	七月一日	370,207 18 1	755,579 1 1
三十七年	一月一日	351,318 8 7	... ...
	七月一日	351,318 8 7	793,358 0 2
三十八年	一月一日	331,484 9 7	... ...
	七月一日	331,484 9 7	833,025 18 2
三十九年	一月一日	310,658 16 7	... ...
	七月一日	310,658 16 7	874,677 4 1
四十年	一月一日	288,791 18 0	... ...
	七月一日	288,791 18 0	918,411 1 3
四十一年	一月一日	265,831 12 6	... ...
	七月一日	265,831 12 6	964,331 12 4
四十二年	一月一日	241,723 6 8	... ...
	七月一日	241,723 6 8	1,012,548 3 11
四十三年	一月一日	216,409 12 7	... ...
	七月一日	216,409 12 7	1,063,175 12 2
四十四年	一月一日	189,830 4 9	... ...
	七月一日	189,830 4 9	1,116,334 7 9
四十五年	一月一日	161,921 17 7	... ...
	七月一日	161,921 17 7	1,172,151 2 2
四十六年	一月一日	132,618 2 0	... ...
	七月一日	132,618 2 0	1,230,758 13 3
四十七年	一月一日	101,849 2 8	... ...
	七月一日	101,849 2 8	1,292,296 11 11
四十八年	一月一日	69,541 14 5	... ...
	七月一日	69,541 14 5	1,356,911 8 6
四十九年	一月一日	35,618 18 8	... ...
	七月一日	35,618 18 8	1,421,757 6 7
清償			